CARTAS DESDE EL CORAZÓN

BEATRIZ DE LA IGLESIA

www.cartas.guiaburros.es

EDITATUM

Primera edición: enero 2020

ISBN: 978-84-18121-11-1

Depósito legal: M-2570-2020

Si después de leer este libro, lo ha considerado como útil e interesante, le agradeceríamos que hiciera sobre él una **reseña honesta en Amazon** y nos enviara un e-mail a **opiniones@guiaburros.es** para poder, desde la editorial, enviarle **como regalo otro libro de nuestra colección.**

Sobre la autora

Beatriz de la Iglesia es licenciada en Publicidad y Marketing. Gran parte de su vida laboral la ha desarrollado como Directora de Marketing y Comunicación en diferentes empresas ganando numerosos premios internacionales. En búsqueda de evolución y crecimiento personal decidió continuar su formación en Máster en Programación Neurolingüística, Coaching con Programación Neurolingüística, Coaching sistémico, Coaching sexológico, Psicología Transpersonal, Comunicación no violenta y Asertividad. Además es experta en Felicidad y primera promoción de *Chief Happiness Officer*.

Colaboró con la cadena de televisión CUATRO, en el programa "Negocios al límite" como presentadora y *coach* de empresas al límite que necesitaban ser reflotadas.

En su trabajo como consultora del bienestar se enfoca de forma activa en aumentar el valor humano como capital fundamental en la empresa, en la familia o en cualquier sistema. Actualmente ejerce su profesión de *coach* y psicoterapeuta, es socia fundadora de *HowConsulting* y colabora con distintas empresas como *Feel Good Manager*, dando conferencias y formación destinadas a fomentar el valor humano.

Es autora del *GuíaBurros Coaching*.

Índice

Prólogo 11

Cartas desde el corazón 13

Yo misma 17

La importancia del tiempo 17

La felicidad 20

La loba 25

Mi ego 28

Sendero del corazón 31

El laberinto de mis dudas 34

¿Quién soy yo? 37

Maldita locura 39

Hogar dulce hogar 42

Latiendo con la vida 45

La familia 47

Madre 47

Mis hermanos 49

En tu honor 53

Ejemplo de entrega 56

Gracias por toda una vida 58

Símbolo de amor 61

Querida abuela 63

A mi pequeño del alma 66

Abandonando el clan 71

Mi guía 76

El amor 79

Ya han pasado veinte años 79

El teatro de la vida 81

Amor de mis amores 87

El amor 90

Ya nada sirve 93

El ilusionista 96

Seguir sin ti 100

Sensaciones 104

Señales 111

Y sigo preguntándome 114

Silencios 117

San Valentín 121

El gran amor, el gran reto 125

Hombre sin nombre 130

La amistad 135

El último latido 135

Enseñanzas del camino 137

A mis amigas 141

Prólogo

Los cuatro pilares de las relaciones humanas

Hace muchísimos años que me dedico a trabajar con personas y su manera de relacionarse en la vida. A lo largo de todos estos años, he podido observar, en ellas y en mí, cómo están construidos y cómo afectan a los "pilares" que describo referente a nuestras emociones, sentimientos y acciones. He querido hacerlo de una forma distinta, en versión carta, porque me parece una forma muy hermosa de comunicar y expresar de manera personalizada un sentir que hace mucho tiempo que hemos dejado de hacerlo. Las nuevas tecnologías nos han privado de ello y ahora solo nos comunicamos por whastapp, mails y mensajes que resultan muy fríos. Las cartas siempre han tenido un punto más romántico e íntimo, por eso me parece más hermoso elegir esta forma de expresar mi mensaje. Yo llevo escribiendo estas cartas desde que tengo 15 años y he querido darles un sentido que pueda ayudar a comprender más el "sentir" humano desde un lugar muy profundo, porque en ellas pongo "mi alma al aire" compartiendo estos "latidos" que han ido dando forma a mi vida a base de reconocerlos, entenderlos y sanarlos.

Como terapeuta, también recomiendo a mis pacientes, escribir cartas como un método de expresión y de sanación que da muy buenos resultados.

Por este motivo me gustaría poder sugerir al lector que lo ponga en práctica cuando quiera expresar sentimientos, sacar fuera dolor, ira, frustración, sanar relaciones con personas con las que no puede o no quiere hablar o simplemente para desahogarse.

Las cartas de este libro, están dedicadas a personas que han ido pasando por mi vida, algunas aún permanecen, otras que ya no están y otras que siempre estarán.

Por eso quiero dar las gracias a todas las personas protagonistas de estas "Cartas", los primeros a mis padres Juan Pablo y Charo por hacerme el regalo más hermoso, que es traerme al mundo, darme lo mejor y seguir a mi lado siempre en este camino que inicié junto a ellos. Después a mis hijos, a Alejandro y Nicolás que me hicieron sin duda otro de los regalos más hermosos con su partida pues su enseñanza ha sido vital para mí, y a mi hijo Tristán que es mi motor, mi vida, mi amor, mi maestro y la persona que me hace superarme día a día.

Agradezco de todo corazón a mis antepasados su legado, a mis hermanos Pablo y Quique, a su legado, mis sobrinos, mis niños del alma, a mi familia, a mi "tribu", mi familia de alma que me hacen la vida más fácil y más alegre.

A mi amiga Gema, que desde el cielo me cuida y me inspira y que su muerte fue la gran lección de mi vida y gracias a ella soy la que soy.

A todos los amores que me han inspirado y a mi gran *amor*, que siempre seguirá haciéndolo.

A mis maestros y maestras, que me han aportado nuevas formas y dimensiones de ver la vida, ayudándome a sanar y a evolucionar.

A todas las personas con las que he compartido camino y que con su amor, su cariño, sus enseñanzas, su apoyo, su torpeza, su envidia, su odio, su miedo o su alegría, me han servido de inspiración y de enseñanza aportándome todo cuanto necesitaba para crecer como ser humano.

A la vida, que con su latir, me permite seguir bailando al son de mis sentidos, *gracias, gracias y gracias.*

Cartas desde el corazón
Los cuatro pilares básicos
de las relaciones humanas

Los cuatro pilares básicos en los que se fundamentan las relaciones humanas son: **la relación con uno mismo, la familia, la amistad y el amor**; por eso estas cartas están dirigidas y dedicadas a estos pilares que hacen que mi vida tenga sentido, como sentido tienen los latidos del corazón que me impulsan a vivir.

Yo misma

La relación más importante que tiene el ser humano es consigo mismo.

El amor propio y la autoestima son la base de una relación sana basada en la aceptación de lo que somos y, por ende, poder amarnos.

Por desgracia vivimos en una sociedad donde no se nos enseña a tener una buena relación con nosotros mismos, ya que se crean estereotipos de perfección inalcanzable que nos crean complejos demasiado nocivos, se nos inoculan necesidades que parecen satisfacer a nuestro ego insaciable tardando poco en buscar más y más... Al no gustarnos no reconocer nuestro verdadero poder, nos convertimos en mendigos emocionales buscando fuera ese «reconocimiento» o ese deseo de cariño y migajas de amor, haciendo cesiones de poder que más tarde nos harán pagar un alto precio por ellas.

Por eso creo que para poder relacionarse con los demás de una forma sana, amorosa y equilibrada, lo primero es trabajar con uno mismo en el autoconocimiento y así llegar a amarse.

Reconocer tu luz y tu sombra, reeducar al ego y mirar al miedo siendo el amor el alimento de tu alma.

Este es un duro trabajo, pero merece la pena intentarlo y conseguir la paz y la felicidad de un corazón sano que late al compás de la vida.

Porque cuando un hombre sabe dónde va, el mundo entero se pone a sus pies.

La familia

La familia, nuestro clan, nuestros ancestros, ese árbol genealógico que todos llevamos como sello de identidad, como regalo de dones y talentos, o como estigma de traumas, enfermedades, amores imposibles.

En nuestra familia está marcado un pasado que, sanado en el presente, nos regalará un buen futuro.

Cada uno de nosotros viene con una tarea a realizar, algo que sanar, algo que aprender, y nuestra familia es un espejo en el que mirarse para descubrir esa misión que da sentido a nuestra vida.

En todas las familias existen «secretos» que deben ser revelados, deben salir a la luz para ser sanados.

Hay enfermedades que se repiten de generación en generación dándonos una clave de algo emocional que ocurrió y fue origen del problema; de ahí la sucesión.

También nos habla de nuestra relación con el amor, con el dinero, proporcionándonos la clave para ver en qué estamos enquistados, atrapados o bloqueados, y por qué.

Nuestra familia es una fuente muy rica de información de donde extraer el elixir necesario para vivir «nuestra vida» en libertad, prosperidad, salud y amor.

Como decía Enric Corbera: «quien tiene un árbol genealógico y no va a mirarlo, es como quien tiene el mapa del tesoro y no va a buscarlo».

La amistad

Los amigos, esos ángeles con cuerpo humano y corazón alado.

Ellos están aquí para hacernos la vida más fácil, amena y divertida.

Algunos vienen también en forma de maestros, ayudándonos a entender los misterios de la vida; a veces nos sorprenden aspectos que admiramos o detestamos de nosotros y no somos capaces de ver o reconocer.

Con ellos compartimos los momentos más auténticos, porque nos damos el permiso de *ser*, desde la libertad y con el único compromiso que es de alma.

Son esa «tribu» urbana o esos hermanos espirituales que aparecen en tu vida sin vínculo de sangre, pero sí de alma.

Yo he tenido la suerte de encontrarme con grandes compañeros de vida que me han permitido hasta la fecha darles mi amor y recibir el suyo de manera incondicional.

Amigos... Un regalo para el alma.

El amor

Amor, fuente de vida y sentido de la misma, porque no hay vida sin amor.

Es el motor de nuestro corazón y el tejido del que está confeccionada nuestra alma.

Pero para ser lo más importante de la vida, qué poco sabemos de él.

Se han vertido ríos de tinta, se han hecho películas, canciones, obras... Hablando de él, soñando con él, viviendo por él y muriendo sin él.

Pero nadie te enseña a amar.

Nadie nos ha enseñado a amarnos.

Nadie conoce el «secreto» del amor eterno.

Él nos da la vida, lo buscamos desesperadamente; a veces nos escondemos de él; en ocasiones llegamos a encontrarlo y a disfrutarlo en momentos efímeros y en otros morimos de angustia por haberlo perdido o no haberlo encontrado.

Amor.

Cuando uno se enamora de sí mismo comienza un romance con la vida.

La importancia del tiempo

Al llegar a Río sentí una paz que sobrecogía mi alma e incluso llegó a descolocarme en cierto modo; ningún teléfono sonando, sin compromisos ni cosas que «debo» hacer; solo yo con mi silencio y mi tiempo... ¡Qué milagro!

Entonces, de repente, comencé a observar y me di cuenta de que aquí la gente tenía «tiempo», algo que en el mundo de donde yo venía era escasísimo; nadie tiene tiempo para nada... Y aquí me encuentro viendo cómo desaparecen en la penumbra, ciegos para la vida, todas esas gentes, corriendo a cualquier parte, de algún punto en el futuro, sin vivir jamás el presente, anestesiados por la rutina asesina que les impide vivir. Pero yo, si hay algo que tengo en abundancia es eso, «tiempo». Lo que yo soy está conformado de tiempo.

El tiempo se expresa en saltos que determinan con inesperada velocidad el transcurso de una vida. En realidad no existe un transcurso lineal del tiempo que va desde el nacimiento hasta la muerte.

El tiempo no es una acumulación de datos, tal como lo presenta el calendario.

Según la ley cósmica, el tiempo se mide en el interior, en otros niveles de existencia. Se da a conocer en el lapso de un segundo y se descarga con toda su vehemencia.

Media vida necesita un ser humano para poder entender estos segundos fatales que cada uno guarda dentro de sí, como una hilera de hitos. Son como diamantes en una caja invisible. Es el otro yo, que se manifiesta como nuestra voz interior y nos sorprende con su clarividencia. Cuando morimos volvemos a él, a nuestro doble. Me lo imagino como un sabio anciano que sostiene en sus manos las crónicas de todas las vidas vividas.

Es el almacén de la memoria colectiva. El tiempo.

Los instantes de una vida futura. Las situaciones se repiten de existencia en existencia, hasta que el ser humano comprenda la lección y ya no reaccione con miedo, sino que actúe con libertad y amor. No somos conscientes en este mundo material de que lo único que no se puede comprar es el tiempo. La riqueza real está en aquel que lo posee y sabe utilizarlo y disfrutarlo.

Un minuto puede ser tan efímero que pasa inadvertido. ¿Qué hacer con todo ese tiempo? Ocuparme de mí misma.

El tiempo es memoria. Veo a la gente de aquí, pobre, alegre, apasionada..., y una ventana de mi espíritu se abre como empujada por el viento.

En esta bendita ciudad y en el sentir de este pueblo me reconozco a mí misma.

¿Cómo reconoce el espíritu al espíritu? Hace visible algo dentro de mí. Hace que algo inconsciente se vuelva consciente y me muestre su rostro vivo.

Todo lo interior tiene su correspondiente exterior.

Hay una voz en la profundidad de mi ser que me dice todo el rato: «Ve por el camino del ser interior y no te preocupes por lo externo».

Libre de toda atadura, unida a mí misma. Es un estado de amor, belleza y paz.

Pero, qué difícil es lograr a veces ese estado en el mundo loco que vivimos, ¿no? Y pensar que para ser libres no necesitamos nada más que a nosotros mismos.

Ni el dinero, ni el trabajo, ni las posesiones, ni la pareja, ni la familia puede liberarnos. Es una paradoja.

Para poder alcanzar lo supremo no necesitamos nada. Nada más que tiempo.

«El tiempo es la llave de la libertad». «Cuando el hombre haya conquistado el tiempo, habrá vencido a la muerte», como decían los antiguos egipcios.

Yo, intento navegar en el inacabable mar del tiempo.

Gracias a la soledad y al vacío involuntario se ha abierto la caja del tesoro que llevo dentro de mí y me relaciona con todo lo existente.

¿Cómo querría alguien comprender su más profundo e íntimo ser si no tiene tiempo?

Desde lo más profundo de mi corazón, *gracias* por haber dedicado parte del tuyo a leer mis profundas reflexiones...

La felicidad

Todo ser humano ha venido a este mundo con la clara misión se ser feliz, pero ¿por qué nos cuesta tanto ser felices? Por qué solo percibimos pequeños atisbos de felicidad que se esfuman como por arte de magia?

¿Qué hace feliz a la gente? ¿Cómo puedo ser feliz?

La felicidad se consigue «siendo», no «pareciendo» ni «teniendo». Hemos conectado el concepto de ser felices a nuestra mente y no a nuestro corazón. De ahí que nos pasemos la vida creyendo que seremos felices algún día, cuando logremos tener la pareja ideal con la que soñamos, el coche que tanto nos gusta, esa casa maravillosa como la de las revistas de decoración, ese cuerpo como el de «fulanita de tal», etc. Nos pasamos la vida posponiendo la felicidad, pensando que el conseguir bienes materiales, personas ideales, salud, trabajo..., nos dará esa ansiada felicidad. ¡Qué gran equivocación!

Hipotecamos nuestro tiempo, nuestra salud, nuestros amigos, nuestra familia, el sexo, nuestras verdaderas ilusiones, pensando que llegará ese gran día en el que por fin seremos felices.

Pero ese día nunca llega, porque nuestra mente está asociada a nuestro ego y este es insaciable, siempre quiere más. Nunca vamos a ser lo suficientemente ricos, ni guapos, ni delgados; siempre habrá una casa mejor, un coche mejor, unos sueños más y más ambiciosos. Así continuamente vamos dándole carnaza a nuestra gran esperanza, a nuestro anhelo de felicidad, sin tomar las riendas de nuestra propia vida y echándole la culpa a algo o a alguien por no conseguir ser felices.

Pero es tan sencillo ser feliz, es solo una cuestión de abrir el corazón, ese corazón que parece que se nos ha helado en este vagar por un mundo sin rumbo. Tenemos el corazón a buen recaudo y bien guardadito para que nadie nos lo rompa y como tiene tanto miedo de abrirse ya casi no sabe latir.

Debemos abrir nuestro corazón al mundo, debemos dejar de excluirnos los unos a los otros creyendo que somos mejores o que tenemos más derechos. Debemos dejar de juzgar y condenar al otro por sus actos, dejar la arrogancia y la falsa moral; eso no produce felicidad. La benevolencia nos hace felices. El tomar conciencia del momento, de ese precioso instante que es el «presente» y que es lo único real que tenemos, ya que el pasado ya fue y el futuro es incierto; vivir el momento nos conecta con la realidad de nuestra vida; cuando estás en el aquí y en el ahora no hay dolor, no existe el miedo, solo hay vida.

Pensaréis que me parece fácil esto de ser feliz cuando casi nadie lo ha conseguido y menos en un mundo como en el que vivimos, lleno de tragedias, de crisis, de problemas, de enfermedades. Pues sí, me sigue resultando fácil.

A lo largo de mi vida y de mi corta experiencia en ella, he llegado a una conclusión y es el «aceptar y amar» las cosas tal como son. Aceptar y amar a las personas tal como son y, sobre todo, aceptarme y amarme a mí tal como soy. Eso me hace «ser feliz» cada día.

Cuando te rindes ante la esencia y sabiduría de la vida te das cuenta de lo poco importante que eres. Te das cuenta de que solo necesitas confiar en el fluir de las cosas, pues todas están en un perfecto orden divino. De nada sirve revelarse, enfadarse o pretender que las cosas sean de la manera que tú las habías imaginado, porque quizá no era esa tu enseñanza, tal vez esa persona que tú querías a toda costa que fuese para ti no era la que te iba a dejar ese mensaje que más tarde ibas a necesitar, o puede que esa enfermedad que tanto dolor te ocasionó, resulta que fue la mayor de las lecciones. En fin, yo tengo la certeza de que todo pasa para algo, por eso no existen las desgracias, ni las malas suertes, ni las injusticias, ni todo lo que tachamos de «negativo».

¿Quiénes somos nosotros para poner etiquetas de positivo, negativo, bueno, malo, justo o injusto? Es tan relativo.

Me considero una persona feliz. Soy una mimada del universo y la vida no ha parado de hacerme regalos que puedo compartir con todo aquel que esté dispuesto a recibirlos.

El primer regalo me lo dio a los quince años, siendo todavía una adolescente que no sabía nada de la vida y me tuve que enfrentar con la muerte. Tuve un accidente de moto y mi amiga, que era quien la conducía, murió. Yo me salvé.

Para cualquiera puede ser algo traumático, algo que te marca para siempre. Además, se me ocurren multitud de motivos para echarle la culpa a alguien o a algo, pero no.

Mi amiga se fue y yo me quedé con una gran lección, mi gran lección de vida.

En ese momento me di cuenta de lo importante que era vivir y de la oportunidad que se me había brindado dejándome aquí; solo por ese regalo debía ser agradecida y hacer algo bueno con ello.

Empecé a investigar en las religiones, en el ocultismo, en la metafísica, en las energías, en los chamanes... Lo probaba todo, me lo leía todo, y ahí empezó mi camino. Acepté el regalo, acepté la muerte e hice algo bueno de ello en agradecimiento a la vida. Ese fue el gran comienzo en mi andadura espiritual.

Más tarde me sucedieron todo tipo de situaciones bastante curiosas: me fui de casa muy joven, monté negocios que luego perdí, otros en los que me arruiné, me casé, me separé.

Di todo en un trabajo que para mí era mi familia y, por «ayudar» a una amiga, esta me traicionó y perdí mi empleo después de nueve años. Recibí el golpe más duro que puede tener una mujer: perdí a mis dos hijos gemelos. Después de mi separación dejé mi casa, una vida.

Actualmente tengo otro hijo, aquí, conmigo, que es mi mayor tesoro, pero del que al poco tiempo de estar embarazada me dijeron que posiblemente venía con síndrome de Down. Menuda prueba al cabo de seis meses de haber perdido a los gemelos. La vida me ponía otra muestra de fe.

He tenido una vida muy intensa, con pruebas muy duras y con oportunidades y regalos extraordinarios, y de verdad puedo decir que, a pesar de mis procesos de entendimiento, nunca he perdido la alegría, siempre he sonreído en defensa propia, y la fe y la aceptación han hecho que todo lo negativo se convirtiese en un legado de experiencia, en un legado de sabiduría y en una maravillosa práctica de desapego. Cuando abres tu corazón a la voluntad divina, todo miedo desaparece y la paz reina en tu corazón, pues no hay nada que debas hacer, todo cuanto sucede es para tu más alto bien, por muy difícil que resulte aceptarlo a veces.

Tenemos tantas cosas para ser felices, tanto por lo que dar las gracias. La vida nos brinda un continuo regalo: desde el sol que sale cada día para nosotros, o esa flor que, pese a que nadie la ve o se pare a oler su aroma, está ahí dando lo mejor de sí misma para nosotros. La naturaleza es una bendición para nuestros ojos, oídos, olfato.

¡Y solo el hecho de estar vivos ya es una oportunidad y un obsequio!

La vida en sí es un regalo de Dios y lo que hagamos con ella es nuestra forma de agradecérselo.

Solo por este momento... Sé feliz.

Sé como la flor, da igual si nadie la ve... Ella es y da lo mejor de sí, extiende tu aroma y deja una huella, tu huella aquí en la tierra.

La loba

Por fin le he visto la cara a la mujer salvaje; por fin he descubierto lo escondida que ha permanecido durante tan largo tiempo y por fin me ha enseñado sus garras y sus dientes, recordándome la esencia de la supervivencia y la fuerza que posee para enfrentarse a su más temido enemigo, «el miedo».

He pasado casi dos años habitando en la cueva de la duda, donde solo en días muy abiertos y luminosos podía vislumbrar por alguna pequeña grieta algún resquicio de luz y me quedaba allí quieta, inmóvil, disfrutando y soñando con todo lo que habría fuera de esa cueva, soñando con días en los que nunca se ponía el sol, con verdes prados llenos de esperanza, con fuertes y altos árboles impregnados de seguridad y confianza en los que poder cobijarme y sentirme tranquila. Soñaba con nubes que me transportaran a mágicos lugares y paisajes armoniosos que colmaran mis ojos de ilusiones y volar... Y volar junto a ti.

Pero solo eran eso, sueños, fantasías, vanas esperanzas... Pero la fuerza de mi espíritu me decía que permaneciera allí, que encontraría un tesoro en lo más profundo de la cueva, solo debía confiar en las señales y seguir su rastro descifrándolas en cada momento, pero mi alma se desvanecía poco a poco, desilusionándose a medida que pasaba el tiempo y no encontraba el tesoro, ni siquiera una salida para ir en busca de la luz.

Mi corazón guerrero seguía buscando, abría huecos en la tierra pensando en una posible salida, investigaba nuevas estrategias para salir, mi cabeza enloquecía porque era consciente del desatino de mi corazón, de la pérdida de fuerza de mi alma, y la oscuridad nublaba todo mi ser.

Ya de nada servía soñar con ese pequeño haz de luz que de repente iluminaba la cueva como si del mejor resplandor se tratase, volcando en cada rayo de luz miles de notas de colores llenos de sueños. Ya de nada servía soñar con esas nubes que algún día me llevasen a ti para en un instante recorrer juntos el inmenso arcoíris.

He pasado tantos días en esta maldita cueva que su frío ha invadido mi cuerpo y mi alma, haciéndome olvidar que tengo en mis manos la llama que me da el calor que necesito para no morir congelada. Me he conformado con ese pequeño rayito de luz y he olvidado que hay un cielo azul esperándome ahí fuera. Solo tengo que salir, solo tengo que abandonar esta triste y absurda cueva en la que caí sin darme cuenta haciendo de ella un hogar... Me acostumbré, creo que llegué a conformarme.

Pero una loba comenzó a rondarme cada noche, me cantaba con cada uno de sus aullidos canciones que hablaban de libertad, de esencia, de instinto, de coraje.

Me deleitaba escuchándola, pero en el fondo me daba miedo su fiereza, su poder, su fuerza, y hacía como que no la oía, pero sus cánticos eran el único motivo por el que mis días tenían sentido.

Una noche, mientras yo dormía, se coló en mi cueva y, acurrucándose a mi lado, me susurró al oído palabras llenas de amor, de sabiduría, me recordó que, antes de caer en la trampa de esa maldita cueva, yo era una de las suyas.

Me contó lo fuerte que era, lo valiente que había sido y lo importante que era que volviese a casa, con mi manada; ellos me necesitaban como realmente era... El tiempo de destierro había llegado a su fin y ya no podía refugiarme más en la cueva de mi sufrimiento.

Había llegado el final, ya no tenía ningún sentido estar recluida más tiempo en este inhóspito lugar pensando que encontraría el tesoro que nunca encontró nadie.

Yo era una loba, no una buscadora de tesoros, debía ocuparme de mi manada, de conseguir cobijo y comida para ellos, no perder mi tiempo, marchitar mi corazón y enfriar mi alma en busca de espejismos de una loba caprichosa que siente que es diferente y se permite el lujo de abandonar su esencia en busca de un sueño. Loba loca... Estuviste a punto de olvidar tus raíces y lo que viniste a hacer, por amor.

Creíste que ese amor era tu tesoro y te cegaste. Te empeñaste tanto en encontrarlo que te perdiste en el camino y caíste en la cueva de la duda, y has permanecido el tiempo necesario para aprender a recuperar tu esencia con más fuerza que nunca y salir al mundo renovada, con la ilusión del que vuelve a empezar teniendo claro quién es y a dónde quiere ir.

Bendita loba y bendita sea su enseñanza.

Ahora llegó el final y con él un nuevo comienzo.

Sé que el tesoro que buscaba existe pero que me equivoqué de lugar y caí en una trampa; ahora ya conozco esa trampa y ya sé dónde no debo buscar. Pero mi instinto de loba ha salido reforzado de esta prueba y me ayudará a encontrar nuevas señales que marquen un nuevo mapa que me guíe en mi camino y hallar el tesoro que lleva esperándome tanto tiempo.

Mi ego

Querido ego:

Cuántos años a mi lado, caminando junto a mí, organizando mi vida, tomando mis decisiones e incluso gobernando mi corazón, y yo sin apenas conocerte, sin saber de tu magnitud, de esa grandeza que da el saber que todo lo controla, de tu poder, de ese poder que a codazos le quita el sitio al corazón y nubla el alma con una neblina apenas perceptible, pero de una intensidad tal que cegaría cualquier atisbo de conciencia. Siempre conmigo y sin ya sentir tus ansiedades, esas ansiedades que trastornan la mente del que quiere más, del que nunca tiene suficiente, de una fuente que, por más que brota el agua, jamás calma tu sed. Desconocía tus misterios, pues he oído hablar mucho de ti, pero para mí eras un gran enigma. No sabía de tu tristeza, la que se siente cual vagabundo errante que carece de lugar y sitio para poder descansar. No reconocía tus carencias que llenabas con distracciones, dispersiones y divertimentos que mantenían anestesiado mi corazón, justificándose a través de tu gran compañera, «la culpa». No sabía de tu creatividad, ese talento tan extraordinario para recrear un personaje tan variopinto capaz de engañar hasta el alma de una diosa... Personaje que siempre necesita representar papeles que le demuestren que es «más» o «menos», según lo que interese para sentirse el centro de atención y salirse con la suya.

Querido ego, ¡qué malinterpretado estás y cuánto te he subestimado! Ahora siento cuánta confusión llevas en tu hastío... Confusión que nos saca de nuestro centro haciéndonos creer superiores o inferiores con tal de no ser «responsables».

Cuántas batallas se han librado en tu nombre, cuánta ira desatada por ti, cuánto resentimiento por cargarte de importancia y cuánto dolor por darte toda la responsabilidad a ti.

Qué tristeza tan profunda se siente cuando se te confunde con amor, cuánto puede llegar a doler la ignorancia.

Has llegado a ser como una pandemia colectiva que desgarra el alma de una sociedad deshumanizada, como un virus que nos vuelve locos, inconscientes y que nos lleva a hacer cosas que ni siquiera a nivel individual seríamos capaces de hacer... Un escudo tan grande y una armadura tan oxidada que a veces resulta durísima de quitar porque dolería demasiado.

Te he llevado siempre conmigo y ya era hora de que realmente nos conociésemos.

Al principio he intentado luchar contra ti, rebelarme (¡craso error!), porque luchar contra uno mismo es prácticamente un suicidio. Después me di cuenta de que debía conocerte mejor, aceptarte, pero sin juzgarte; empezar a mirarte, a entender cúal era tu intención positiva en todo este juego.

Creo que llevas muchos años queriendo mostrarte, queriendo que te reconociera, queriendo que te pusiera los límites e intentando enseñarme un camino que no quería ver, y tú, con tus múltiples pruebas, tentaciones y señales, solo pretendías que mi alma fuese lo suficientemente sabia e impecable para superarlas.

Sé que tu papel es el del «malo» de la peli, pero todos los papeles son importantes y gracias a ti hoy estoy donde estoy.

Reconozco que a veces logras confundirme y créeme que admiro tu inteligencia sibilina para engañarme, pero sé que juegas al escondite conmigo y así me lo tomo, como si de un juego se tratase... Porque a tu lado aprendo, y mucho. Cada vez que caigo en tus brazos la caída es más suave, más dulce.

Solo quiero que sepas que tú y yo somos lo mismo. Que mi esencia es de luz y de sombra, y que formo parte de ti y tú de mí. Y que la una no sería nada sin la otra.

Solo quiero que comprendas que no es necesario representar ningún personaje, ningún papel para conseguir poder ser o tener «más», porque debajo de esta forma física y psíquica somos uno con la vida. En la forma humana siempre habrá alguien superior o inferior, pero en esencia somos iguales y no podemos ser más de lo que ya somos.

Espero seguir aprendiendo a tu lado, que permanezcas a la izquierda de mi vida, no delante gobernando mi existencia, no detrás perdiéndote de vista, no a mi derecha nublando mi luz, sino en tu sitio, al lado de mi corazón donde sentirte tranquilo y haciendo lo que tienes que hacer... Desde el amor abandonando el miedo.

Gracias, ego. Creo que estoy empezando a quererte.

Sendero del corazón

A los tres días según las Escrituras, volvió a dar noticias y a tener presencia. Siempre son tres días, ¿qué significado tendrá esta actitud tan inconscientemente calculada o no? No lo sé, pero me imagino que me lo contará algún día.

Eternas y profundas conversaciones telefónicas que llenan el vacío de una relación que parecía terminada, pero que se empeña en hacerse presente, aunque sea cada tres días. Palabras que explican el transcurrir de los días, días que se tornan a veces tristes, confusos, alegres, pero ciertos. Palabras que expresan el sentir de estos días. Palabras que quieren ser sinceras, que pretenden hacer más fácil este sendero angosto por el que vamos caminando y que sabemos que nos llevará a nuestro destino. Palabras de consuelo, de esperanza, de compañerismo, de amistad, de complicidad, de amor.

Me encanta oírte de nuevo, porque te voy sintiendo diferente, porque cada vez tus palabras están más desnudas, porque pasan los días y voy sintiendo cómo vas permitiendo dejar tu alma al aire, y eso me conecta más a ti.

Me llena de satisfacción comprobar que mis tristezas, mis anhelos y todo el malestar que causa la retirada voluntaria en pro del respeto y del amor que me une a ti merecen la pena y están sirviendo para algo.

Amor, mi querido amor, hoy estoy mucho más tranquila y ya entiendo por qué el destino no quiere separarnos del todo. Creo que mi orgullo y mi dolor no quisieron entenderte cuando me pedías estar a tu lado desde otro sitio que no fuera el compromiso, pero acompañándote en esta bendita búsqueda al centro de tu propia existencia de una manera quizá más sutil, pero a tu lado.

Lo entendí mal y ahora la sabiduría de mi alma, que no sabe de orgullo ni de temor, me habla de lealtad, de compañerismo, de incondicionabilidad, de aprendizaje, de misión... En una palabra, de amor.

Con el amor de mi alma continúo mi sendero, un sendero del corazón paralelo al tuyo. Todavía no compartimos camino, ni vamos de la mano para andarlo juntos, pero te veo, te observo desde la lejanía física y la cercanía de nuestros corazones, y siento, a través de la energía que une nuestras almas, cómo vas caminando.

A veces quiero coger carrerilla para que no me alcances, y lo hago, pero cuando ya he recorrido un gran trecho, de repente miro hacia atrás en ese camino paralelo y, al no encontrarte enfrente, me siento triste y no me apetece seguir el camino sola. Porque, aunque continúe sola mi sendero, saber que tú vas en paralelo a mí me llena, y creo que a ti te sucede lo mismo. Siento que así debe ser en este momento y en este caminar en paralelo debemos seguir aprendiendo y nutriéndonos para poder compartirlo y enriquecer nuestra relación cualquiera que sea o como la disponga el destino.

A veces me paro en una piedra a meditar y te veo ahí junto a mí; tu presencia me da seguridad y aliento para enfrentarme día a día a los misterios encerrados en el transcurso de la vida.

Otras veces, cuando me pilla por sorpresa el frío y la lluvia, te busco, busco el abrigo de tu amor para refugiarme, pero solo vislumbro tu silueta, que va perdiéndose en la niebla como si de un fantasma se tratara.

En las mágicas noches de luna llena me tumbo en la hierba, miro al cielo, ese cielo lleno de estrellas, y te dedico la mejor de mis sonrisas; yo sé que en ese mismo momento tú también mirarás al cielo y, recordándome, sonreirás.

Entre sonrisas, lágrimas, palabras, confidencias y pensamientos se van pasando los días y el sendero se va haciendo cada vez más sencillo, menos angosto; incluso a veces parece que los dos caminos están tan pegados que a ratitos caminamos de la mano, pero luego se vuelven a ensanchar continuando paralelo el uno al otro, pero qué a gustito de repente y en ocasiones sentir ese regalo que es caminar juntos de la mano aunque solo sean pequeños momentos, ¿no?

Es como volver a casa después de una dura tarea, es sentir ese calor de hogar, de cariño, de tranquilidad; para mí es muy reconfortante.

Estoy tranquila, feliz, y camino con los brazos abiertos para recibir todo lo que la vida quiera regalarme, y la bendita abundancia y amor que hay en el universo para mí. Y camino con mi sonrisa, mi amor y mi alegría sin perder la fe, la esperanza y la ilusión que encierra este dulce y amargo sendero del corazón.

El laberinto de mis dudas

Sensaciones extrañas recorren mi cuerpo inquietándome de tal forma que mi cabeza no para de dudar. Una soterrada tristeza parece haberse apoderado de mí, mientras lucho entre la locura y la cordura.

Pero, ¿qué me está pasando? ¿Esto forma parte de un «proceso» de caída del personaje?

Hay días e incluso momentos en los que parece que estoy haciendo un buen trabajo, que estoy tomando conciencia de mi ego, sintiendo cómo se va cayendo la máscara, y veo la realidad; me alegro de estar y permanecer en este camino elegido. Me levanto y me digo a mí misma: «Venga, que, aunque vayas despacito, estás caminando», pero hay días como hoy en los que una ansiedad perturba mi alma y mi aliento va perdiendo fuerza; mis preguntas se acrecientan a medida que mis dudas crecen y me pregunto: «¿No estaré obsesionándome con esto? ¿No será todo más fácil y no tan rebuscado? ¿Quizá le demos demasiada importancia a las pruebas, los oscuros, el ego...?». En fin, cosas que el resto de la gente ve como normal y a mí me parecen tentativas de mi ego, de mi sombra o de entidades oscuras que solo desean apartarme del camino y buscan con gula un alma que conquistar? No lo sé. Pero estoy rara, extraña, triste y solo tengo ganas de estar en casa, de no ver a nadie, de refugiarme en mi mundo, de leer, de escribir, de sentir.

Pero siento que estoy en un hilo demasiado fino, un hilo que apenas sostiene los dos extremos y que, si se suelta, conduce a la locura, pero, si permanece tensa, en algún momento se puede romper.

Trato de pensar que estoy muriendo, me convenzo a mí misma con el eterno sueño de convertirme en hada o maga de mi propia vida, me ilusiona pensar que todo este esfuerzo me llevará a un mundo donde podré ser la heroína de mi película, pero solo vislumbro retazos de lo villana que soy.

Me descubro liándome con mi ego y sufro cuando caigo en sus brazos, pero su suave voz me susurra palabras de autoindulgencia y me vuelvo a perder.

Me siento en una espiral de ensayo-error que me está enloqueciendo; repaso mis anotaciones y veo que hay algo que estoy haciendo mal. No paro de equivocarme, me encierro en las mazmorras de mi olvido y huyo de todo con tal de no enfrentarme, porque mi vulnerabilidad apenas me sostiene y me hace cometer errores que siguen poniendo en venta mi alma... Me vuelvo pequeña y veo mi mediocridad mientras juzgo con osadía la de otros... ¡Cómo me atrevo!

Mi alma me pide a gritos que salga de aquí, pero me siento como si estuviese en el laberinto de Teseo, como si mi maestra Ariadna me hubiese dado el ovillo de hilo para ayudarme y lo llevase tirando de mí en busca de mi propio Minotauro. Pero este juega al escondite conmigo y cada vez tengo más miedo de que se rompa el hilo que me conducirá a la salida. Quizá no sea capaz de vencer al Minotauro, quizá logré engañarme o quizá me pierda dando vueltas y más vueltas sin encontrar la salida.

Estoy como Teseo; creí que había vencido a los fantasmas, pero estoy ante el gran obstáculo que, si logro vencerlo, me dará la llave de la libertad, pero me siento fatigada, triste y algo hastiada. No sé si esto es la muerte o es que esta guerrera de la luz se volvió tan chiflada como Don Quijote y ve gigantes donde solo existen molinos. Quizá quise saber tanto que me perdí en una noche de un día. Solo sé que estoy perdida y quizá el gran Minotauro esté tan bien escondido en las profundidades de mi tormento que sea incapaz de vislumbrar su sombra.

Tengo miedo, miedo de estar cerrándome puertas, miedo de no recuperar mi alegría, miedo de no saber discernir entre lo correcto y lo mediocre, miedo.

Me lío con el hilo y me siento caer a cada rato; me asusta pensar que cuando esté ahí en el suelo, sin fuerzas, aparezca el Minotauro y me pille desvalida, desarmada y... deje de latir, de sentir.

¿Quién soy yo?

Por un lado podría decir que soy Beatriz y también que soy una chamana urbana, una guerrera, una coach... Podría hablaros desde mi parte terrenal o desde lo que llevo siendo vida tras vida.

Siento que en mí hay dos tipos de identidad: por un lado está mi Yo Universal que es mi esencia, mi alma, mi unión con el todo. Es la presencia de Dios hecha visible en mí que me conecta con la presencia divina que forma parte de todos los seres humanos, de todo el reino animal, del reino vegetal, de la madre tierra, del padre cielo, de las estrellas, de los planetas, del universo.

Esa alma que no conoce, sino que se reconoce en todo, pues lo es todo y a la vez no es nada. Esa soy yo.

También soy otra alma, mi alma gregaria, un alma que tiene un vehículo para moverse en esta dimensión que es un cuerpo.

Esta alma gregaria es la que me hace ser miembro de una especie, de una familia, de un pueblo, de un país; es la que hace que me llame Beatriz de la Iglesia Casado y tenga un árbol genealógico, una historia que va implícita en mi sangre, en mi código genético, en mis costumbres, en mis creencias, en mi educación, en mis patrones de comportamiento, en lo que he visto, oído, vivido. Es mi otro yo, mi parte humana, terrenal.

La unión de mi alma universal con mi alma gregaria es lo que realmente yo soy y así me muevo en este plano y en otros muchos, así soy Beatriz, pero a la vez soy todos, puedo ver mi reflejo en cada rostro, en cada palabra, en cada acto. Soy un espejo y reflejo lo que soy.

El entender esto me hace ser cada vez más compasiva, menos crítica y, por supuesto, evitar los juicios, pues cuando sientes que nadie es mejor ni peor, ni superior ni inferior a ti, te sitúas ante el mundo como lo que realmente eres. Un ser espiritual con un cuerpo humano y una misión única, pues cada uno de nosotros somos únicos, pero con la misma esencia.

Yo he elegido ser una chamana urbana porque es lo que mi alma siente que lleva haciendo vidas y vidas... Enlazando mundos, el terrenal con el espiritual, lo mágico con lo pragmático, la vida con la muerte, lo de arriba con lo de abajo, y las gentes de aquí con las de allá.

Chamana de alma urbana porque me ha tocado vivir en la ciudad, y tratar de conectar la sabiduría de la tierra, de la naturaleza, su perfección con la locura, el ruido y la prisa de la ciudad. Poder llegar a unificar esto, esa es mi misión. Enlazadora de mundos... A veces es raro y otras difícil, porque siempre me manejo entre dos mundos que son muy dispares, y mantenerse en el centro resulta en ocasiones algo pertubador.

Pero el camino, aunque en algunos momentos resulte duro, es francamente excitante, divertido y muy gratificante, pues, como decía alguien muy sabio, «cuando uno sabe dónde va, el mundo se pone a tus pies». Solo hay que estar atento a las señales que nos da el lenguaje de la vida. Entender ese lenguaje y saber interpretarlo con coherencia y sabiduría es un gran reto.

Espero que en estas cartas encontréis códigos, lecturas, mensajes y enseñanzas que puedan aportar algo útil a vuestras vidas.

Ha sido un enorme honor poder compartir desde la humildad de un corazón que no sabe de escritura, solo de sentimiento, las vivencias, alegrías, penas, sensaciones y emociones de una chamana urbana.

Maldita locura

Contrariedades, contrasentidos, cambios de dirección, de humor, de pensamientos, de sentimientos.

Maldita locura que no deja de azotar mi humilde pensamiento y le hace preso de ella, embriagándole en una copa tan estrecha que apenas encuentra la manera de volcarla y hacer que se derrame el licor que envuelve la duda, la ansiedad, la soledad. Maldita locura que nubla la razón y la esconde para luego mostrarle el camino que le conducirá a la nada. Maldita locura.

Juego al escondite contigo para ver si puedo perderme y que nunca más me encuentres. Casi lo consigo, pero tú, locura con nombre y apellidos, te empeñas en llamarme; tonta de mí acudo inocente a ti, pero cuando estoy cerca la que se esconde eres tú y vuelves a jugar otra vez.

Dime, ¿quién eres? No sé quién eres, ni cómo te has atrevido a llegar a mi vida y dejarla así, patas arriba. ¿Acaso yo te pedí algo? ¿Acaso yo te busqué? Creí saber quién eras y me confundí.

Maldita locura, se las daba de que era amiga de la intuición y mira. ¿Por qué me has hecho esto? Si no era necesario... ¿O sí? Ya no tengo ni idea.

Coordenadas que surgieron de la nada cambiando el rumbo de mi destino. Coordenadas de un velero excitante y misterioso que conducía al País de nunca jamás. Coordenadas que llevaron a pique un barco que se hundió con una maravillosa tripulación de sueños, fantasías, ilusiones y un montón de tesoros por conquistar.

Sigues ahí. Pero, ¿por qué? Si ya solo eres un fantasma, un fantasma que no me da ningún miedo, porque no es real, nunca existió. ¿Por qué te empeñas en dejar veneno sobre mi piel, piel que busca dónde beber para saciar esa sed de entendimiento?

¿Por qué te empeñas en ser el fantasma que anida en esta tumba que es mi cama, refugio de un amor que ya murió, pero que sigue conservando las cenizas que dejó el recuerdo de aquella noche?

¿No te das cuenta de que cuando me nombras vuelvo a ser vida? ¿No te das cuenta de que tu presencia es la sal de mis llagas y así es imposible que se cierren mis heridas?

Alzo ya libre mi vuelo y huyo lejos de ti, y desde arriba, en el cielo, donde todo lo veo claro, azul, perfecto, allí ya no estás, porque ahí no tienen cabida los fantasmas, solo los ángeles, y me siento segura, tranquila, feliz... Mis alas me llevarán mucho más lejos que la ilusión de un bonito velero; ahora las coordenadas las trazo yo, y canto, y segura en mi volar desciendo de los cielos a descansar un ratito. Me duermo mientras un bendito sueño teñido de violeta borra todo mi pasado, dejándome libre, llevándose todo cuanto ya no me sirve y me libero y me reconcilio con la vida. Ya no quedan resquicios de tiempos mejores o peores, solo queda el presente. La locura se fue, desapareció. Esa maldita locura con nombre y apellidos ya no existe. ¡Soy libre!

Despierto con un alma nueva, con un alma llena de cordura y una mochila llena de nuevos y mágicos proyectos. Respiro hondo, disfrutando de este nuevo aire y doy gracias.

Pero en medio de todo este nuevo amanecer, cuando apenas estoy contemplando mi nuevo «presente», de repente miro al suelo y entre los arbustos vuelves a aparecer.

Allí, escondida de manera muy estratégica, vislumbro una huella; es una huella que has dejado tú, por si por casualidad se me ocurría buscarte, y me niego a verla, ¡no quiero! Sigo mi camino, pero ahí está esa dichosa huella que no deja de confundirme, a pesar de que sé que es la huella de mi enemiga, la maldita locura. Me rebelo contra ella y la borro, pero, mientras duermo, vuelve su fantasma, ese fantasma frío que me hace daño a pesar de que no exista, pero su frialdad roza mi cuerpo y mi alma sumiéndome en la tristeza.

No quiero dormir por si vuelve aparecer.

Dime, ¿quién eres tú y por qué invades mis sueños? Quiero que te marches pero te llevo atado a mí con cadenas invisibles, cadenas que solo los fantasmas arrastran y me llevan contigo hacia la nada. Maldita locura con nombre y apellidos.

¿Por qué no te vas?

Hogar dulce hogar

Hogar, refugio de mis sentimientos y emociones que un día me trajeron hasta ti huyendo de la amargura que siente un corazón hundido, abandonado y perdido en un amor que se fue, que se disipó entre retazos de culpas, resentimientos, añoranzas de libertad y sueños rotos.

Hogar, lecho de paz para un alma guerrera que no encuentra su sitio en el camino de la vida. Aquí, y solo aquí, mi alma al aire es capaz de sentir paz, de ser ella misma en la intimidad de su ser, solo en estas paredes y al amparo de su chimenea encuentra el fuego sagrado que le da el calor que necesita para continuar su lucha en la frialdad de la vida.

Hogar, cuántas veces te he sentido mío y cuántas otras he querido perderte pensando que el apego que me unía a ti se convertiría en grilletes que encarcelarían el corazón de esta alma nómada, sedienta de aventuras, de nuevos vientos que susurren palabras en idiomas diferentes, lenguas que hablen de amores, de experiencias, de pasiones.

Me he sentido prisionera de ti, me he revelado contra aquellos que querían que luchase porque siempre me pertenecieras. Abocada a la ambición de tener una escritura que te otorgara el título de pertenencia, cuando un hogar no necesita de formalismos, ni de escrituras. Un hogar es ese lugar donde jamás sientes que eres un extraño, es ese *aleph* que te conecta con tu más íntima realidad, allí donde todo toma forma y nos olvidamos del tiempo y del espacio porque solo es posible «ser».

Hay muchas casas, pero realmente nada tienen que ver con los «hogares». Y yo he tenido el privilegio de tenerte, de disfrutarte. Tus muros me han sostenido cuando yo me derrumbaba, me has dado calor cuando el frío de la soledad llamaba a mi puerta, me has inspirado en las noches oscuras del alma donde solo con mirar el pino de tu jardín recordaba cúan alto se puede llegar con una buena dosis de paciencia.

He vislumbrado desde la ventana de mi cuarto durante tantas y tantas noches mágicas la grandeza de una iglesia que, más allá de la religión que se profese en ella, con sus muros y su consistencia me daba la certeza de la fe que ha de sostener una guerrera de la luz, a veces incomprendida, a veces denostada, pero siempre aguerrida a los inmensos muros que sostienen su alma.

Veía a las cigüeñas con sus claqueteos de pico, besándose, volando para buscar alimento y después volver a su nido.

Oía esas campanas, a veces molestas, a veces música para el corazón que me liberaba de los estados de inercia poniéndome en marcha de nuevo.

Mi querido hogar, cómo agradecerte tanta hospitalidad, tanto amor, tanto calor y tanta generosidad.

Entre tus paredes se han cambiado vidas, se han llorado amores, se ha derrochado alegría por doquier, tantas y tantas personas han pasado por tus estancias que cada una de ellas ha dejado una pequeña impronta de vida aquí, entre tus muros, y cada una de ellas se ha llevado la magia que tú desprendes, tu calor y tu sentir.

Hogar, dulce hogar, como dice mi hijo, me voy, pero no te dejo, cojo mis alas y cual cigüeña vuelo en busca de nuevo alimento, alimento para mi alma, pero tú siempre vas conmigo, porque tú y yo somos uno y porque allá donde el corazón y la vida nos lleve siempre, nuestra esencia, nuestra presencia, formará esa guarida segura y cálida, ese lugar íntimo en el que descansar tras la lucha de los días, y ahí te encontraré de nuevo, con otro rostro, con otras ropas, con otras formas... Pero siempre tú, mi hogar.

Por eso te dejo, sin dejarte, me voy sin olvidarte y aquí siempre quedará la energía de lo que fue, lo que vivimos, lo que lloramos y lo que reímos y en estas paredes quedan impregnados secretos inconfesables, conversaciones triviales, momentos familiares inolvidables, amores que ya fueron, reuniones filosóficas, y tantas y tantas fiestas y risas.

Te regalo los tesoros vividos y los dejo a buen recaudo contigo, así si en algún momento la vida me trae aquí de nuevo a tu lado, será como si nunca me hubiese ido... Porque nunca me voy, porque siempre te llevo conmigo.

Porque en ti se refugian del frío mis latidos.

Latiendo con la vida

Sentimientos perturbadores invaden mi alma, reconociéndome en cada una de las mujeres que viven en mí y alegrándome de este maravilloso y mágico reencuentro. Es fantástico descubrir la capacidad tan extraordinaria e ilimitada que tiene el ser humano y lo ciegos que a veces podemos estar ante tal evidencia.

Estoy tan feliz, tan feliz por ser quien soy, tan feliz por sentir como siento, por ver claro mi camino y por haber hallado el conocimiento que me ha hecho entender que no hay principio ni fin, que no soy una, sino el todo, que estoy llena de amor y que me fundo con el bendito universo. Nunca más he de sentirme triste o no correspondida por alguien que no me ame, porque el amor universal llena mi alma de gozo y satisfacción.

He descubierto el exquisito sabor del desapego. Ahora soy libre para siempre, sin ataduras ni cadenas que me esclavicen. He recuperado mis manos y ya ni el más sabio ni pícaro diablo hará que caiga en sus redes.

¡Gracias, vida! ¡Qué maravillosa y bendita eres! Estoy tan agradecida por estar aquí, por disfrutarte y por todo cuanto me ofreces, que no puedo hacer otra cosa que no sea corresponderte con mi respeto hacia ti, hacia los seres humanos, hacia la naturaleza y hacia todo cuanto posea algo de tu esencia, de tu sentir que me haga latir.

He de brindarte todo mi amor y toda la bondad de mi corazón, llenando los días de inmensa alegría y gratitud por estar llena de ti, vida.

He vivido en estos últimos seis meses experiencias inolvidables y maravillosas con un sinfín de enseñanzas que me han hecho crecer y redescubrir en mí cualidades, sentimientos y facetas que desconocía o estaban dormidas en mí esperando una oportunidad para hacerse visibles.

Qué curioso que lo que aparentemente parecen desgracias, problemas o duras pruebas, puedan ser el más maravilloso de los regalos. Todo cuanto acontece en esta vida es perfecto, porque todo sigue un orden divino y cada experiencia es un escaloncito más que subimos para llegar al bendito cielo.

Realmente he descubierto que somos invencibles, que no hay nada ni nadie que pueda hacernos daño, ¡solo nosotros, nuestra ignorancia o nuestro miedo! Que no podemos perder nada, pues nada tenemos, con nada vinimos al mundo y solo nos iremos con las experiencias vividas que sumarán o restarán valor a nuestro ser.

Estoy feliz por ser, por estar y por cada día que permiten que me quede disfrutando de este aprendizaje que otorga mayor sabiduría a mi alma.

Solo espero dejar este planeta algo mejor que como lo encontré. Lucharé por aportar mi semilla y que esta germine dando frutos que merezcan mi paseo por este mágico camino que es la vida, y seguir bailando al ritmo de sus latidos.

Madre

Cuarenta y tres años desde aquel primer latido y todavía a veces te escucho hablarme o preocuparte por mí como si aún fuese una niña, tu niña.

Ahora que soy madre entiendo que, a pesar de la edad, para nosotras nuestros hijos siempre serán nuestros pequeños, y hay una parte quizá inconsciente que quiere hacernos pensar que, mientras los veamos así, siempre nos necesitarán, y quizá eso nos da un lugar privilegiado en su corazón.

Cómo podría agradecerte, madre, todo el amor que siempre me has dado, cómo compensar tantas horas de dedicación, de malas noches, de disgustos, de lucha, de preocupaciones.

No ha debido resultar demasiado fácil ser mi madre para alguien tan sensible como tú, tan empeñada en ser «perfecta» y llevar una vida como Dios manda —así es como tú lo dirías—. Ha debido resultar difícil tener una hija con un espíritu indomable, que solo se rige por las normas que dicta su corazón, una guerrera en busca siempre de respuestas, una niña que se hizo mujer conociendo el significado de la muerte, queriendo ahondar en el sentido de la vida, un alma salvaje buscando su sitio en el camino de la vida.

Madre. Mamá. Gracias por darme la oportunidad de venir a este mundo, gracias por aceptar un papel tan importante en la obra de mi vida.

Has sido una gran maestra y me has enseñado algo muy importante. Me has enseñado a ser sencilla, a valorar a las personas por lo que son, no por lo que tienen. Junto a ti aprendí de la generosidad de tu corazón, generosidad que demostrabas y demuestras con tus actos, con tus palabras, con tus pertenencias, con la belleza de tu ser, que no deja impasible a aquel que se cruza en tu camino.

Hemos caminado mucho de la mano; a veces has sido hija; otras, hermana; muchas, amiga, pero siempre has estado cerquita, muy cerquita por si en algún momento de mi ajetreada vida se me olvidaba el camino de vuelta a casa.

Has hecho tuyos mis triunfos, mis errores, mis dramas y, a pesar de lo diferentes que somos, has respetado siempre mis ganas de volar, aunque apenas conocías la magnitud de mis alas ni dónde me llevarían.

Has pasado miedo, porque el temor es tu compañero inseparable de viaje, y te lo has tenido que trabajar porque mis rebeldías no te han dado otra alternativa. Pero, a pesar de ese miedo, tu confianza en mi fuerza me ha hecho ser más dura de lo que pensaba, y en momentos puntuales he tenido que ser fuerte por las dos y convertirme en las muletas que necesitabas para seguir luchando.

Querida madre, hoy ya abuela, solo deseo y le pido a la vida que te mantenga cerquita de mí y de mi hijo muchos años, porque a pesar de haberme hecho mayor, de haber encontrado lo que mi alma buscaba, de conseguir realizar mis sueños y de tantas cosas vividas, me llena de amor saber que en un momento de flaqueza, de debilidad, de derrota, aún puedo cobijarme en tus brazos, sentirme pequeña y volver a conectar con ese primer latido que dio origen a mi vida.

Mis hermanos

Nueve años como hija única, sobrina única y nieta única en ambas ramas de la familia, hasta que llegásteis a mi vida.

Primero fuiste tú, Pablo, después de un intento fallido por quedarte en este mundo, decidiste volver, cogiste fuerzas y llegaste a nuestras vidas como un hermoso regalo, tan esperado, tan deseado que todos volcaron su amor y su ilusión en ti, el pequeño benjamín, el varón de la casa. Y ese cariño te lo ganabas a pulso porque eras un bebé tranquilo, comilón, dormilón y bueno como tú solo… Con esos ojazos que iluminaban a quien te miraba y con esa calma que nos llenaba el alma.

Tu reinado duró poco porque a los trece meses, nos sorprendió Quique con su llegada tan seguida a la tuya, vino algo más inquieto que tú, peor comilón, pero con una chispa de luz y alegría que nos hacía latir, reir y sentirnos vivos, érais y sois muy diferentes, pero cada uno especial a su manera y dos angelitos para mí.

Para mí sin duda fuísteis y seréis mis niños del alma, dos seres tremendamente importantes y esenciales en mi vida, porque vuestra presencia siempre ha significado mucho, quizás al llevarme tantos años de diferencia, me he sentido un poco "madre" vuestra y eso me creó una responsabilidad que no me correspondía, pero no me arrepiento de ello porque seguramente eso me ha ayudado mucho de manera inconsciente a ser la madre que soy.

Siempre he pensado que tener hermanos es un regalo hermoso, porque el día que falten tus padres, siempre tendrás una parte de ellos en tus hermanos, que estando ellos, no se acabaría la familia y no me quedaría sola y así lo he creído hasta hace tiempo y por ese motivo mi vínculo con vosotros ha sido tan estrecho como especial. Os he cuidado, mimado y protegido como a mis mejores tesoros, he intentado ayudaros y abriros camino en todo lo que he podido y hasta el día de hoy he seguido haciéndolo porque os amo.

Pero la vida, que es muy sabia, nos pone siempre a prueba y aquí sin duda hemos venido a evolucionar, y cada uno, aunque formemos parte de la misma familia, evolucionamos a nuestra forma y viviendo lo que nos toca. A mí la vida me ha puesto quizás pruebas más duras, y con vosotros ha sido más benévola, o quizás es que estábais más protegidos, o no os tocaba pasar por éstas pruebas, pero sí por otras, porque cada uno viene con una misión y un aprendizaje… El caso es que cuando vamos creciendo, cada uno toma un camino, elige su compañero o compañera y va formando su propio "sistema" dentro del gran "sistema familiar" y allí es donde se producen los cambios. Ya no somos tres, sino seis, ya no es una familia, sino cuatro y las futuras generaciones se van mezclando, lo que enriquece mucho al sistema o en ocasiones, hace que merme lo sagrado que había al principio.

De cualquier manera, en cada familia, se producen acontecimientos que aunque a veces no sean demasiado agradables y pensemos que han podido "fisurar" o incluso "romper" nuestro inicial sistema familiar, hay que aceptar que todo forma parte de ese aprendizaje de vida, que nos mezclamos para enriquecernos y nutrirnos, para expandirnos y que en esa combinaciones, se pierde un poco la esencia inicial de lo que fue, para dar forma a lo nuevo, a lo que vendrá… El secreto está en no perder tu identidad, tu raíz, ocupar tu lugar en ambos sistemas y respetarlo. Trabajar en pro de sanar lo que no funcione y darle a nuestras futuras generaciones una base que haga que el árbol siga creciendo sano, unido y fuerte. Es un trabajo ardúo y complicado porque a veces nosotros no hemos sanado nuestras heridas y seguimos portando virus del pasado que impiden al árbol crecer de manera sana, pero hay que confiar en el proceso de cada uno. Yo he aprendido a lo largo de los años y de los daños, que solo tu puedes darte tu sitio, ocupar tu lugar y ser soberana o soberano de tu vida si te haces responsable de tu propia evolución, que tus hermanos vienen a enseñarte, a espejarte y a facilitarte el trabajo evolutivo, y yo solo puedo daros las gracias por ayudarme a ello, por acompañarme en este camino de luces y sombras que es la vida, por haberme permitido amaros con el alma, por quererme con mis errores, mis tropiezos y torpezas y porque un trozo de mi corazón siempre estará vivo en vosotros y un trocito del vuestro siempre estará vivo en mí, pase lo que pase y se ponga la vida como se ponga… Porque nada e "casual" y todo forma parte de un plan perfecto evolutivo aunque a veces no nos guste, nos agreda o nos duela.

Me gustaría Agradeceros con toda mi alma el regalo que me habéis hecho con vuestros hijos, a los que considero un poco míos porque cada vez que los veo se me llena el alma de gozo, y el corazón se me hincha de amor por ellos, porque en ellos estáis también vosotros y siempre son un motivo que me permite trabajar la humildad, la entrega, el amor incondicional y la fe en que ellos seguramente al igual que mi hijo, serán una mejor versión de nosotros y continuarán con el legado que les dejemos y eso depende de cómo llevemos el nuestro. Y al igual que con vosotros, ellos me tendrán para ayudarles en todo lo que esté en mi mano con el máximo respeto y amor.

Mis queridos niños, mis hombrecitos ya, aunque siempre os veré como niños, deciros que vuestra esencia siempre vivirá en mí, que solo os deseo que la vida os colme de cosas bonitas, que tengáis mucha fuerza, mucha fe y mucha serenidad para afrontar los golpes y enseñanzas duras que os hagan avanzar y que cuando la duda, el ego, la soberbia o las circunstancias os hagan dudar de mi amor, que reviséis nuestro "histórico" en el que siempre va a pesar lo bueno, porque es y ha sido mucho y eso queda inscrito en el alma por mucho que el ego se empeñe en buscar excusas para taparlo... Recordad que la vida es efímera y es un milagro en sí misma porque cada día nos permite empezar de cero, pero con la experiencia del pasado que no está para recordar lo feo, sino para sanarlo y avanzar. Os pido perdón de todo corazón por todo el daño que os haya podido causar de manera inconsciente porque conscientemente no sería capaz porque os amo, y puedo ser torpe, soberbia, egocéntrica, pero aunque no soy mala persona, puedo equivocarme y de hecho, seguro que lo he hecho muchas veces, pero desde luego me esfuerzo e intento aprender de mis errores y covertirlos en experiencias que no vuelvan a repetirse, por eso "lo siento".

Deciros que quizás la vida o las circunstancias nos separen, pero en mi corazón siempre estaréis porque en él solo mando yo y el resto no importa, ojala siempre tengamos un motivo para "re-unirnos" y celebrar la vida o apoyarnos cuando esta se ponga fea o dura. Que la alegría esté presente cada día de vuestra vida.

Con todo mi amor.

Gracias hermanos.

En tu honor

Siendo ya muy niña conociste el dolor, perdiste a tus padres, creciste sin apenas amor.

Eras la pequeña del clan, de un clan en donde los hombres mandaban y, a veces, el poder, la soberbia o el miedo les hicieron cometer errores que tendrían un precio demasiado alto.

Tu carácter, tu orgullo y tu tesón te hicieron rebelarte contra las normas; normas que iban en contra de tu latir, de un latir que hablaba de un amor prohibido, de una cicatriz dentro de un clan que forjó una herida de la que tú no fuiste responsable, pero sí pagaste por ella, de rencillas familiares que dejaron la herencia del rencor, del odio, de la envidia, de la pena que deja en el alma el desamor, y esa es la peor herencia heredada, pues ahora la he de sanar yo.

Te enamoraste del hombre que no debías y tuviste un hijo suyo, fruto de tu amor. Pero todo salió mal y sola te dejó; la cobardía le pudo, la familia le amenazó y se tuvo que casar con otra y a su hijo no reconoció.

Tu hijo tuvo un padre, pues tu hermano lo crió; ese hermano que hizo de marido, padre y abuelo, y su vida a ti consagró.

Pero mi querida abuela, la secuela de ese gran amor dejó demasiada huella en tu corazón y hastiado murió.

Se murieron tus ilusiones, tu carácter se agrió, viviste siempre enfadada contigo misma, con la vida, ¡qué sé yo!

Imagino que no fue fácil ser madre soltera en un pueblo con tu familia en contra, los comentarios, la gente, el dolor.

Pero coraje tenías, dinero, fuerza y valor, y sacaste adelante a tu cachorro dándole siempre lo mejor.

Hoy yo cuento tu historia y te escribo esta carta, mi amor, porque quiero decirte, abuelita, que no cometeré tu error.

Yo soy una disfrutona y me llevo de la vida lo mejor.

No ansío ni dinero, ni tierras, tan solo ser feliz, tener amor.

Dejar a mi hijo la herencia de una familia en la que no haya rencor. Saldar las cuentas pendientes y sanar el corazón; un corazón que un día unió a dos seres y de esa unión vengo yo.

Hoy me toca reconoceros y vivir feliz en vuestro honor.

Perseguir mis sueños, encontrarme yo, criar a un hijo libre y que goce de la unión de unos padres que se quieren y se respetan los dos, y que, a pesar de no estar juntos, sí permanecen en unión.

Desde el cielo sé que me miras y me cuidas, lo sé yo y te sientes orgullosa, pues tu niña se ha hecho mayor y te honra con su vida haciendo de ella lo mejor.

Tuviste un bendito hijo
fruto de tu inmenso amor,
y un maravilloso hermano
que su vida a ti consagró,
y hasta el día de su muerte
de tu lado no se apartó.
Hoy te apartas tú del nuestro
y te nos vas, corazón,
pero queda la esperanza
de que donde vas no hay dolor,
y te espera la alegría,
te espera tu gran amor.
Por fin seréis felices
y a vuestro hijo protegeréis los dos.
Te reunirás con tu hermano
y desde el cielo
nos enviaréis vuestro amor.

Nunca os olvidaremos,
os quisimos un montón.
Y estéis donde estéis, abuelos,
con vosotros va mi corazón.

Ejemplo de entrega

A mi abuelo:

Querido abuelo, ayer veía una foto en mi casa donde estábamos tú y yo, y me invadieron unas ganas enormes de escribirte.

Hay tantas cosas que te quiero decir y no te dije cuando estabas vivo... Pero a pesar de que no estés vivo físicamente, siempre vivirás en mi corazón y tu esencia permanecerá viva en nosotros.

Eres como ese ángel protector de la familia que decidió bajar a este mundo para realizar una de las misiones más bonitas que conozco: entregar su vida por amor.

Porque eso es lo que hiciste tú, bendito ser, renunciaste a todo; vida familiar, pareja, hijos, nietos, diversión, sexo... Todo por cuidar a tu hermana, por protegerla y apoyarla sin descanso, siempre a su lado, en lo bueno y en lo malo, en la salud y en la enfermedad, en las alegrías y en las penas para el resto de tus días.

¡Y así lo cumpliste!, sin que tuvieses que jurarlo ante ningún altar ni nadie te lo impusiera, solo tu corazón.

Pero esa renuncia a todo por el amor hacia tu hermana se dio la vuelta y tu generosidad se vio recompensada, ya que fuiste marido sin esposa, padre sin hijos, abuelo sin nietos, y humano siendo ángel.

Para mí no has podido ser mejor abuelo. El legado y la herencia más grande que me has podido dejar ha sido tu ejemplo.

Sí, un gran ejemplo de desapego, ejemplo de altísima generosidad, ejemplo de lucha y, sobre todo y ante todo, ejemplo de amor.

Ni tus fincas, ni tus casas, ni todo el dinero del mundo es comparable a tu patrimonio personal y al legado de corazón que nos has dejado.

Gracias, muchas gracias, porque sin ti a lo mejor yo no estaría o no sería lo que soy.

Quiero que sepas, porque sé que me oyes y que me sientes, que esta carta es una humilde, pero muy sincera expresión de todo lo que siento por ti. Ha sido un honor ser tu nieta, pues no puedo sentirme más orgullosa de haber tenido un abuelo como tú, con esa calidad humana y esa candidez de alma.

Me imagino que en el cielo ya te habrán condecorado, pero yo, desde aquí, te doy el premio más grande que se le puede dar a alguien: «el reconocimiento de su obra». Y créeme, querido abuelo, tu vida ha sido un éxito, porque tu paso por el mundo no ha sido en vano, has dejado raíces donde florecerán árboles y tu misión ha sido realizada de manera perfecta.

Desde aquí, desde la tierra y desde lo más profundo de mi corazón, te mando todo mi amor y espero que cuando nos volvamos a encontrar puedas sentirte tan orgulloso de mí, como yo lo estoy de ti, abuelo.

Siempre te recordaré y te llevaré en mi corazón, haciendo que tu ejemplo sea un estandarte de vida, un ejemplo de entrega.

Te quiero de aquí al cielo.

Gracias por toda una vida

Querido abuelito, cómo podría explicar en una carta todo lo que siento por ti y cómo agradecerte todo lo que has aportado a mi vida; cuarenta años junto a mí, toda una vida.

Recuerdo con gran nostalgia mi niñez, una preciosa niñez con la que cualquier niña podría soñar, rodeada de amor, cariño, protección y mimada por una familia maravillosa.

Recuerdo ser tan afortunada como Heidi, que en esa época era mi heroína. Yo, al igual que ella, tenía a mi abuelito, ese hombre regio, incluso duro, un hombre de pocas palabras, pero con un gran corazón. Un abuelito al que le encantaba llevarme con él y enseñarme cosas que nunca él ni siquiera podría imaginar lo que marcarían el resto de mi vida.

Querido abuelito, gracias por tanto amor recibido a lo largo de mis casi cuarenta y un años de vida; gracias por hacerme sentir tan especial a tu lado, tan pequeñita.

Gracias por enseñarme el valor del campo, la nobleza de los animales y la humildad de una vida sencilla, pero llena de amor. Gracias por hacerme sentir que siempre tengo un sitio privilegiado en tu corazón. Ya somos muchos los nietos que tienes (y hasta bisnietos), pero nuestra complicidad es única, como único has sido para todos.

Qué sabiduría y generosidad la tuya al dar a cada uno de tus nietos y bisnietos un lugar privilegiado en tu corazón; has tenido y tienes amor, tiempo, consejos y buen hacer para cada uno de nosotros y ese don que nos hace sentir a tu lado como si nos quisieras más que a nada... En tus palabras y acciones se vislumbra el orgullo que sientes por esta estirpe casi perfecta que tú con tu esposa, mi abuelita, creásteis.

Qué bien lo habéis tenido que hacer, pues la vida os ha recompensado con unos hijos maravillosos que os quieren, respetan y cuidan como lo mejor que tienen, y unos nietos y bisnietos que, además de guapos, inteligentes y amorosos, están sanos y, gracias a Dios, a todos nos va estupendamente en la vida... ¡Eso sí es un regalo del cielo, abuelo! ¡No hay fortuna mayor que la que tú posees!

Yo soy la mayor de las nietas y, quizá por exigencias del guion, me ha tocado vivir más experiencias —algunas muy duras—. He de agradeceros a ti y a la familia todo ese cariño recibido, ese amor incondicional que he sentido en vosotros, pues me ha hecho fuerte cuando más lo necesitaba; humilde, cuando la soberbia me acechaba; tranquila, cuando la soledad era mi mejor amiga; valiente, cuando la vida decidía ponerme pruebas duras, y sencilla, cuando la vanidad se cruzaba en mi camino.

Junto a vosotros he aprendido el valor de una «familia». Creo que, a veces, con los vaivenes de la vida, nuestro ego nos juega una mala pasada y en ocasiones nos olvidamos de que las familias deben ser como las tribus, el mayor es el sabio y los demás estamos para ayudarnos a que nada falte a ninguno de los miembros de la misma.

Vivimos una vida rápida; en ocasiones el tiempo, la distancia, el miedo a ser más o menos que los demás, a tener más o menos, nos aparta de lo verdadero, de lo esencial.

El legado más grande que he aprendido junto a vosotros es ese sentimiento de unidad, y nada me gustaría más que enseñarle eso a mi hijo.

Ojalá estas futuras generaciones creadas a partir de vosotros seamos capaces de mantener esa unión que siempre sentimos e hicisteis estandarte de nuestra vida. Ojalá las pequeñas rencillas, tonterías y egoísmos que a veces nublan el corazón, jamás empañen el alma de olvido. Pues quien olvida de dónde viene, jamás sabrá a dónde ir.

Cuando te vas haciendo mayor, lo único que importa es tener un sitio donde ir, un lugar en el que puedas ser y no parecer, una compañía que te reconozca, pues eres de los suyos, una manada que bebió de la misma fuente, un lugar donde sentirse en casa.

La vida es muy larga, pero a la vez muy fugaz, y un gesto de amor, una bonita palabra, un sabio consejo o un límite a tiempo puede cambiarte la vida para siempre.

Querido abuelito, el conocerte y haber compartido mi vida contigo ya la cambió.

Estoy acostumbrada a lidiar con mi amiga la muerte, y como nunca sabemos cuándo vendrá a buscarnos quiero que sepas que cada día que vivas cuentas con mi amor, con mi agradecimiento y con todo lo que mi humilde ser posee.

Solo decirte que tu vida mereció la pena porque dejaste este mundo mucho mejor de lo que lo encontraste y que tienes veintidós semillitas y una más en camino que seguirán con tu legado; un legado de honradez, humildad, sencillez, alegría y ganas de seguir disfrutando de la vida en tu honor.

Tu alegría seguirá viva en mí, tu amor permanecerá siempre en mi corazón y tu imagen perdurará por siempre en mi memoria, estés donde estés, porque sé abuelito que siempre te tendré cerquita y, cuando te hayas marchado, miraré al cielo y allí estarás tú sonriéndome.

Te prometo, querido abuelo, que mi vida también merecerá la pena y haré algo bueno con todo lo que tú me enseñaste.

Te quiero desde siempre y para siempre.

¡Tu loquita favorita!

Símbolo de amor

Hoy es un día muy especial, quizás uno de los más especiales de vuestra vida y que recordaréis siempre.

Porque no todos los días uno tiene la posibilidad y la valentía de celebrar, compartir y dar a conocer el gran amor que siente por la otra persona, ante tanta gente ni de esta manera.

Aunque hoy nos hagáis partícipes a todos y consagréis vuestro amor ante Dios, lo más importante es que toméis conciencia de que este día tan especial, tan mágico, tan lleno de ilusión, de abundancia y de felicidad, no tendrá ningún sentido si no os esforzáis en que cada uno de vuestros días después de este lleven un poquito de esa entrega, de esa ilusión, de ese querer compartir, de esa magia y de ese gran esfuerzo... Porque cada día es como una vida en pequeño... Y el secreto de la felicidad es vivir como si cada día fuese el último de nuestra vida.

Así que amaos, amaos cada día como si fuese el último, no dejéis nunca nada pendiente para el día siguiente.

No dejéis de reíros ni un solo día de vuestra vida, pues la risa es la música del alma, música que todo lo cura.

Respetaos, siempre y en cada momento, por muy tensos que sean, pues solo desde el respeto se puede crear algo y solo desde el respeto es posible amar.

Dejad que os sorprenda la complicidad, es mágica y es la chispa que mantiene viva la pareja.

Perdonad, perdonad sin parar, pues el perdón es el mayor acto de amor.

Tened fuerza y coraje para vencer juntos todos los obstáculos y las pruebas que nos manda la vida; a veces son demasiado duras, pero entre dos todo se lleva mejor y es más fácil.

Aceptad todo cuanto la vida os ofrezca y el destino os depare con amor y entendimiento, pues las cosas más difíciles son las que nos hacen crecer y evolucionar en nuestra vida.

Trazad un sueño, pues no hay nada mejor que el esfuerzo compartido para conseguir una meta juntos.

Tened la humildad de asumir vuestros errores, la soberbia y la prepotencia están reñidas con el amor.

Nutríos de vuestras diferencias, pues en ellas encontraréis lo que os hace falta y os harán superaros viendo en el otro vuestro reflejo.

Amaos, amaos sin parar e incluso si por circunstancias de la vida o por caprichos del destino esta unión no fuera para toda la vida, igualmente no olvidéis nunca este día, el día en el que una bonita flor nació en vuestros corazones y descubristeis el amor verdadero. Da igual la duración de las cosas, lo único que importa es que sean de verdad y, cuando uno siente y vibra con el amor verdadero, ya nunca lo olvidará.

Que este bendito amor habite hoy por siempre y para siempre en vuestras vidas y en vuestros corazones.

Con estas humildes palabras y desde el corazón os deseo toda la felicidad del mundo; he de deciros que la verdadera felicidad existe, solo hacen falta tres cosas: mucho amor, mucho humor y mucha fe.

Que Dios os bendiga y gracias por permitirme compartir este momento.

Os quiero con toda mi alma.

Querida abuela

Es para mí un honor estar hoy aquí, junto a ti y todos los que te queremos, celebrando el día de la mujer, el día de una gran mujer como lo eres tú para mí.

Tienes ochenta y siete años y tu vida ha sido una vida de dos caras, las caras de una misma moneda. Por un lado, la desdicha de estar siempre enferma, una enfermedad variada, pero constante, en la que llevas inmersa la mitad de tu vida, siendo esta la causante de que poco a poco cayeses en la desidia que provoca la impotencia, perdiendo cada vez más la ilusión, el sentido del humor, las ganas de relacionarte, salir, divertirte y agriando tu carácter a medida que los años pasaban y tú te ibas encerrando en tu casa, en tu familia y en tu pequeño mundo.

Pero en ese pequeño mundo has encontrado tu espacio, has llenado tus vacíos de ilusiones, ilusiones basadas en ver cómo tus hijos iban formando sus familias, en ver crecer a tus nietos, asistir a sus bodas, compartir sus alegrías, sus penas, e incluso disfrutar del orgullo de ser «bisabuela», y has convertido esas pequeñas y grandes ilusiones en el alimento de tu alma y la alegría de tu corazón.

Por otro lado, la otra cara de la moneda te ha compensado con todo el amor, el respeto, la inmensa generosidad y el cariño con el que tus hijos siempre te han cuidado, atendido y asistido hasta el día de hoy, y mira que a ellos también tu enfermedad les ha pasado factura, pues ha sido muy duro, pero siempre te han tratado de una forma muy especial.

Has contado y cuentas con unos nietos y unos bisnietos que te quieren muchísimo, y que, siguiendo el ejemplo que hemos vivido de nuestros padres, igualmente te hemos cuidado, acompañado y lo seguiremos haciendo, abuelita, porque todos te adoramos y, como somos muchos, tienes la suerte de que siempre hay alguno cerquita haciéndote compañía.

Hace apenas dos meses pensábamos que te perdíamos, que te marchabas para siempre, que ya no tenías fuerzas para seguir luchando y, aunque lo entendimos, solo el hecho de pensar que ya no estarías más junto a nosotros nos llenaba de pena y un gran vacío asolaba nuestros corazones.

Pero, una vez más, tu coraje, tus ganas de seguir viviendo y de ver crecer a los más pequeños de la familia han podido con la gran sombra que amenazaba tus días.

Querida abuelita, con tu fuerza que, muchas veces, no sé de dónde logras sacarla, venciste a la muerte.

Hoy estás aquí, con nosotros, tu familia, tus amigos, la gente de tu pueblo, celebrando la vida.

Abuelita, quiero que sepas que me siento muy afortunada de haber sido tu primera nieta, pues creo que he sido la que más te ha disfrutado y aún sigo haciéndolo.

Quiero que sepas que te he querido, te quiero y siempre te querré, y cuando decidas marcharte siempre te llevaré en mi corazón.

Te quiero dar las gracias desde lo más profundo de mi alma por todo el amor que siempre me has dado, por todas esas oraciones que me dedicas y que tanto me protegen, por tu generosidad, por todo el tiempo que me has dedicado a lo largo de mi vida, porque he tenido la gran suerte de tener solo recuerdos felices junto a vosotros y habéis hecho que mi infancia sea inolvidable, y eso ha contribuido a ser la mujer que hoy soy.

Gracias por confiar en mí, por hacerme tu confidente contándome tus historias, tu pasado, tus secretos, y por esas «charlitas» que tanto te gusta tener conmigo y de las que yo disfruto enormemente escuchándote.

Gracias por hacerme sentir especial, y no solo a mí, porque me consta que cada uno de tus nietos tiene un lugar especial en tu corazón, por eso es tan grande, porque somos muchos.

Gracias por ser un ejemplo de fuerza y de coraje.

Gracias por tu cariño, pues, a pesar de tu enfermedad y de tu dolor, siempre has tenido palabras y gestos de cariño hacia mí.

Gracias por permitirme ser junto a ti todo lo que soy.

Gracias por darme una FAMILIA, con mayúsculas, porque para mí es un orgullo y un honor pertenecer a una familia como la nuestra.

Gracias, abuela, por seguir viviendo, por tu lucha, por tu tesón y por seguir regalándonos tiempo, tiempo para compartir contigo.

Deseo que la vida te siga permitiendo disfrutarnos, compartirnos y regalarnos tu cariño como hasta ahora.

Gracias, abuela.

Te adoro.

Tu nieta Beatriz

A mi pequeño del alma

Hola, mi amor:

Te escribo esta carta porque me voy de viaje y si, por circunstancias o caprichos del destino, me ocurriese algo y no volviese a verte, necesito despedirme de ti.

Aunque por supuesto me despido en el terreno físico, pues ya sabes, como te he dicho siempre, que tú y yo siempre estaremos juntos. Quizá pueda irme de este plano terrestre, pero en el plano espiritual seguiré estando por siempre y para siempre a tu lado, pequeño ángel mío.

Eres un ser tan sabio, tan hermoso y tan dulce, que tu llegada a este mundo ha sido el mejor regalo que me ha podido dar la vida. Tú, mi pequeño del alma, eres la luz que ilumina mi camino, camino con sentido porque formas parte de él. Tú, que, solo con tu bendita presencia, has sido bálsamo para mis heridas. Tú, que has llenado mi vida de fe, esperanza e ilusión. Tú, que eres capaz de sacar lo mejor de mí para dártelo y que me enfrentas a mi sombra dándome cuenta de mis imperfecciones y creando en mí una fuerza que me impulsa cada día a superarme y a ser cada vez mejor persona para ti. Tú, que estando a mi lado nada me falta, porque con tu calor llenas mi corazón de inmenso amor. Tú, que con tu sabiduría a veces haces que me cuestione y me das magníficas lecciones. Tú, hijo, compañero, amigo, alma gemela, hermano, maestro... Tú y siempre tú.

Tus hermanos me dejaron el mayor legado y regalo que se puede hacer, además del que Dios nos dio al nacer, que fue el libre albedrío, pues ellos me enseñaron acerca del desapego. Yo nunca entendí el significado como lo entiendo ahora. A mí me habían enseñado que lo bueno y lo correcto era tener apego a las cosas, a las personas, eso estaba bien. El desapego era para gente fría, gente a quien no le importa nada ni tiene raíces en ningún sitio, y eso no estaba bien.

Crecí pensando en eso y creándome los grilletes del apego, que cada vez te van haciendo menos libre y te van causando más miedo.

Pero me quedé embarazada de tus hermanos y crecieron dentro de mí, hasta que tomaron la decisión de marcharse a otro plano. Su misión aquí había sido cumplida. Y entendí el amor incondicional, pues son mis hijos y los amo y los siento aunque no estén aquí en la Tierra; están en mi alma y en mi corazón. Me enseñaron que, en un momento, todo lo que tienes se puede ir, se puede perder, te lo pueden quitar, pero que nadie nunca será capaz de robarte, ni podrás perder, ni se podrá ir, lo que por ley divina te pertenece, o el amor y los sentimientos que tienes o sientes en el fondo de tu alma.

El camino de la vida es mejor hacerlo ligero de equipaje, pues lo material no tiene demasiada importancia y lo más importante solo ocupa sitio en tu corazón. Es muy importante disfrutar y aprovechar todo cuanto la vida te regala, y una condición indispensable es agradecerlo cada día, pues cada día es un milagro y un regalo, simplemente por el hecho de estar vivos y sanos. Es muy importante ser feliz y hacer feliz a quien te rodea, pues somos parte del todo y cualquier acto de amor hecho hacia el prójimo lo estás haciendo para ti, pues todo tiene su recompensa.

Es indispensable ser honesto, hijo mío, la vida está llena de trampas y engaños, pero uno nunca debe engañarse a sí mismo y debe serle siempre fiel a sus principios; lucha por tu autenticidad, solo los auténticos son verdaderamente libres.

Sonríele a la vida todo el rato, ella también te sonreirá y, si a veces piensas que no lo hace o está siendo dura contigo, párate a pensar que es como una madre: a veces tenemos que regañar, enfadarnos y ser duras para que nuestros hijos aprendan, pero no por eso dejamos de quererles, ni de estar a su lado apoyándoles hasta el final... La vida es nuestra mejor aliada, trátala bien y ella será mágica contigo.

Mi querido y dulce bebé, no puedes imaginar lo mucho que te quiero, te amo, te respeto y te admiro.

Sé que apenas necesitas mis consejos, pues eres un gran maestro que me escogiste como madre, concediéndome el honor y el privilegio más grande de mi vida. Pero, si me escogiste, será por algo, ¿no crees?

He caminado mucho en mi vida, me he equivocado incluso de sendero, he tropezado, he caído, me he levantado, he perdido gente en esta senda y me he encontrado con personas maravillosas que me lo han hecho más fácil. A todo y a todos he de darles las gracias porque forman parte de mi aprendizaje. Quizá deba hacerlo con más ahínco con aquellas personas que se cruzaron entorpeciéndome y haciéndome difícil y molesto el trayecto, a esas les doy doblemente las gracias, pues fueron mis mejores maestros y maestras.

Amor, oirás mil veces decir que la vida es dura o injusta, pero yo te digo que no es cierto, la vida es un viaje excitante, maravilloso, divertido y a veces triste, aburrido, y es necesario conocer la sombra para poder apreciar así la luz.

Conoce a tu sombra, baila con ella y enfréntate valientemente a ella para amarla, solo así sabrás cuánta luz posee tu alma, tu bendita y vieja alma.

Enamórate de la vida, de la gente, de la tierra, de todo cuanto te rodee, pues todo es amor y el amor lo es todo.

Huye del miedo, ese es el peor enemigo del hombre. Utilízalo solo a favor tuyo cuando sea vital. Llévalo siempre a tu lado, nunca delante, pues te paralizaría, y jamás detrás, pues te convertiría en un temerario, sé valiente y escúchale; él siempre tiene algo que decirte cuando te lo encuentres en el camino, pero jamás le cedas tu poder.

El amor siempre vence al miedo, no debes preocuparte.

Ten la capacidad de ver siempre lo positivo en todo. Aunque a veces no lo creas o lo dudes, detrás de cada experiencia o circunstancia aparentemente muy dura o dolorosa siempre se esconde, a veces casi imperceptible, un mágico regalo en forma de enseñanza.

Tómalo como tal y verás que la vida es justa y maravillosa si sabes mirar el fondo de todo desde el amor.

Mi bendito ángel, no temas nada, estás inmensamente protegido.

Encuentra tu sendero del corazón y vive. Comparte, disfruta desde la libertad y el desapego, y ama, ama sin parar.

No olvides, como decía Rosseau: «Todo les sale bien a las personas de carácter dulce y alegre».

Siempre que me necesites, ahí estaré, y siempre que quieras verme, ya sabes que desde pequeño te decía: «Mira al cielo y allí estaré yo, mirándote y dedicándote la mejor de mis sonrisas».

Supongo que si algún día lees esta carta será porque yo ya cogí mis alas y me fui a seguir volando en otro cielo, pero has de saber que siempre he sido inmensamente feliz; que he luchado por todos los medios para conservar mi autenticidad e incluso a veces pagando un alto precio; que no he parado hasta saber y encontrar mi misión en la tierra; que me he esforzado tanto en ser que no le he dado importancia al tener; que mi única prioridad ha sido ser feliz y hacer feliz a quien me rodease; que, a pesar de mis errores, equivocaciones y torpezas siempre he dado lo mejor de mí misma y he amado con todo mi corazón. He sido una apasionada de la vida, pues he conseguido disfrutar con todo y de todo sin importarme el valor material que, por supuesto, a veces lo tenía y otras no.

La vida me ha tratado tan bien que vivir ha sido un placer casi continuo, me han querido tanto y me han permitido querer y amar tanto que estoy inmensamente satisfecha y agradecida. Mi alma está en paz, por fin la encontré, pues este espíritu mío, a veces tan loco, otras tan salvaje y otras tan atormentado, me ha alejado en ocasiones de ella, pero ya va de mi mano.

Mi amor, mi dulce amor, no me olvides nunca.

Yo no pararé de mandarte caricias envueltas en risas, y suaves brisas que acaricien tu cara llenándote de mis te quieros.

Yo siempre estaré a tu lado, tendiéndote mi mano, mano invisible que te apoyará y dará calor y energía cuando más la necesites. Mi latido siempre estará bailando al compás del tuyo, fundiéndose en un baile acorazonado.

Nunca estarás solo, también les tienes a ellos, no se te olvide, tus guías, tus ángeles, tus arcángeles, los maestros ascendidos... Todos te cuidamos, mi amor, de manera incondicional.

¡Que tengas mucho éxito en tu vida y hagas de tu vida un éxito!

Nunca olvides que el gran secreto de la vida es «amor y humor» y, por supuesto, mucha fe.

Mi pequeño del alma, ojalá nunca llegues a leer esta carta, eso significará que sigo aquí a tu lado, en la tierra, y que no he cogido mis alas nada más que un ratito para irme de viaje y traerte enseñanzas nuevas, experiencias que nos nutran y nos enriquezcan a los dos.

Porque cada cosa que hago, todo lo que soy, lo que tengo, lo que sé... todo es tuyo, mi amor, y para ti.

Te quise, te quiero y te querré siempre, mi pequeño del alma.

Mamá

Abandonando el clan

Querido papá, he meditado acerca de lo enfadada que estaba, y me he dado cuenta de que todo el enfado que tenía no era contra ti, sino contra mí. Estaba enojada conmigo misma por haber visto el juego de mi ego; por haber accedido a tener una vida «cómoda» y pagar un precio muy alto por ello; por sentirme «excluida» en mi propia familia y en mi afán de «pertenencia» al clan. He accedido a cosas que me han privado de mi libertad y han hecho que cediese mi poder en pro de sentirme querida, reconocida y aceptada, algo que desgraciadamente jamás sucedía. Sin embargo seguía probando, engañándome a mí misma y escudándome en un personaje en el que encontraba la fuerza para seguir luchando.

Desde que soy muy joven me he creado un personaje rebelde, fuerte, transgresor, y creía que así sería la guionista de mi propia historia, que debía luchar por ser auténtica, por ser libre, y me fui protegiendo más y más a medida que iba sufriendo, cuando lo único que seguía haciendo era mendigar amor, aceptación y ternura, todo lo que yo no me daba y creía que daba a los demás. Pero estaba yendo en contra de mi alma y además pagando un precio muy alto por ello. Me engañaba a mí misma pensando que no, justificando mis acciones, culpando a los demás y no siendo «responsable» de mis actos, ya que desde mi ego atraía todo cuanto necesitaba para aprender.

He de darte las gracias porque parte de lo que soy te lo debo a ti, y has cumplido con tu papel, te he culpado, justificado, he mendigado tu amor, tu aceptación, buscando que me vieses, que fueses capaz de mirarme, de reconocerme, y lo único que conseguí fue desconfiar de ti, sentirme traicionada, ninguneada, denostada, odiada... Solo pretendía que me quisieras, que me protegieras, solo soy tu hija... Y quizá me rebelé buscando el amor en sitios en los que quizá no debiera, o escogiendo hombres que quizá no eran los adecuados, pero.

He creído siempre que era una mujer generosa hasta que me di cuenta de que no, que daba mi tiempo, mi energía y mi dinero a cambio de que me quisieran. Así he estado durante mucho tiempo. Por supuesto, casi nunca conseguía mi propósito y me fui endureciendo, haciendo mi ego más grande a la vez que mi miedo crecía, y así formé a mi personaje.

Estoy cansada, cansada de luchar por nada, cansada de sembrar en tierra de nadie, cansada de mantener este personaje a veces gracioso, y otros tan duro que me desgarra el alma, cansada de ir contra corriente, de querer pertenecer a un clan en el que no tengo sitio; en fin, cansada, papá, muy cansada de pelear, de verdad.

Estoy en el momento más vulnerable de mi vida. Estoy desnuda, espiritualmente, emocionalmente y mentalmente hablando. He entendido a mi personaje y por fin he visto a mi persona..., y ha sido desgarrador, demasiado tiempo con este traje.

Me siento frágil, vulnerable, pero «me siento», y ahora sí me doy permiso para vivir mi propia vida. Ahora tengo permiso para ser feliz, para empezar de cero, pero de verdad. Para enamorarme, para acertar y para equivocarme las veces que haga falta. Para aprender y evolucionar ya no necesito la aceptación, ni el permiso de nadie. Ya no mendigo más amor.

He de agradecerte a ti y a mamá que siempre me facilitasteis la vida; he de agradeceros con toda mi alma el regalo de todo el tiempo que viví en esta casa y de todo cuanto habéis aportado a mi vida. Siento muchísimo si he resultado desagradecida, borde, poco educada o irrespetuosa, mi ego me ha superado en muchas ocasiones y, al sentirme atacada, he respondido de la misma forma... Lo siento de veras.

Siento mucho si os he podido poner en tesituras incómodas movida por el miedo, me dejé llevar por estas historias de familia que nada tienen que ver conmigo ni con mi alma. Yo realmente no necesito todo eso ni meterme en esos «juegos» de roles, de personajes... He sufrido mucho por ello y ya no lo quiero en mi vida. Solo quiero verdad, no ilusión.

Os he culpado de muchas cosas, pero yo he tenido mi parte de responsabilidad en todo y eso es lo que a mí realmente me importa y donde está mi trabajo. La responsabilidad de cada uno, que cada uno la asuma... Nadie te hace nada si tú no se lo permites, y yo he permitido demasiado, y ahora ya no me lo puedo permitir, papá.

Ahora tengo en mis manos la responsabilidad de hacer algo bueno con mi vida, con mi profesión, con el amor, y desde luego tengo un compromiso de alma con mi hijo, al que debo proteger, respetar, aceptar, amar incondicionalmente, y para eso tengo que hacerlo primero conmigo misma, desde la más sincera honestidad. Debo tomar mi poder y ser yo el ejemplo de lo que quiero transmitirle, que es impecabilidad, y eso lleva mucho trabajo, coraje y valentía, y si algo soy es valiente, que no inconsciente.

Los valientes son los que, aun teniendo miedo, se enfrentan a él, y eso hago. Los inconscientes son los que no tienen miedo y son temerarios. Yo reconozco mis miedos, pero ya no dejo que me paralicen. Siempre intenté buscar la luz huyendo de mi sombra, ahora por fin la he visto, la he reconocido y he dejado de combatirla para aprender de ella y hacerla mi aliada y no mi enemiga.

Después de todo el tiempo que llevo en este camino, por fin he aprendido que todo posee dos caras y que la una no es nada sin la otra. Todos somos todo y nuestro poder está en nuestra sombra. Como decía el sabio: «Si te llevas mis demonios, se irán mis ángeles con ellos». Lo más importante es amarte en tu totalidad y dualidad, y no juzgar, porque todos formamos parte del todo.

Sé que es fácil, pero no cómodo. Llevo mucho camino ya andado, mucho tiempo buscándome, experimentando, equivocándome, pero siempre caminando, y eso es lo que tengo que seguir haciendo, papá. He de seguir mi camino, he de hacer lo que he venido a hacer y he de ir a favor de mi alma. Cuando uno está en sintonía con su alma todo se coloca y encuentras la paz al saber que estás donde tienes que estar y mis latidos por fin empiezan ya a tener sentido.

Yo ya he encontrado mi sitio y por eso he de irme, mi tiempo aquí ha terminado.

Te cuento todo esto a pesar de que quizá no lo entiendas, pero confío en que, aunque tu mente no lo procese, tu alma sabe de qué hablo y lo entiende, y con eso me basta. Yo conozco la grandeza de tu alma y sé que, aunque a veces se resiste a entenderme, en el fondo admiras a esta loca furiosa que camina por la vida con su corazón por bandera.

Necesito irme en paz, necesito dejar todo colocado, por eso me encantaría que a partir de ahora si puedes me trates solo como a una hija.No es necesario que me entiendas o aceptes, piensa que todo cuanto nos rechina o no aceptamos del otro es porque lo tenemos nosotros también pero no queremos verlo. Al igual que lo que admiramos y nos gusta de los demás también es nuestro, si no me quieres, no me aceptas o me odias por algo, deberías reflexionar sobre ello, pues es tuyo y no mío. Por eso ya no le doy importancia, y no es desde el ego, es desde la compasión que da saber que cada uno está donde quiere estar y viviendo el proceso que le toca vivir...¡Cambiar no es fácil, pero merece la pena!

Me encantaría que te quisieras, respetaras y aceptaras, creo que así serías capaz de ser feliz y estar en paz. Pero respeto si no quieres ser feliz o estar en guerra contigo mismo o con los demás, esa es tu «responsabilidad» y ya eres muy grande para saber qué hacer con tu poder. Yo con lo mío tengo bastante.

Una vez más, te agradezco de todo corazón todo el aprendizaje que me llevo, todo cuanto has aportado a mi vida, y te pido disculpas por todas mis salidas de tono.

Ahora es hora de abrir mis alas y volar... Y seguir latiendo al ritmo de la vida.

Me voy agradecida y en paz.

Gracias, papá.

Mi guía

Cúantos años esperando a que te reconociese; cuántas señales, avisos y mensajes encriptados, algunos muy claros, me has mandado para que te diese tu lugar.

Ahora, por fin, después de cuarenta y tres años, hemos encontrado sentido a ese 22 de agosto en el que decidiste irte de este plano y pactamos que yo volviera años después.

Desde que era una niña preguntaba por ti, quería saber qué historia había detrás de tantas excusas, de tanto dolor y rencor en las palabras de quienes te habían conocido. Yo no entendía nada, pero, como sabes, soy una buscadora de respuestas y mis preguntas nunca cesaron.

Pedí a familiares fotos tuyas, quería ponerte cara e iba al cementerio a rezarte, charlar contigo y verte, ya que en tu lápida tenías una fotografía, pero solo encontraba suposiciones de una niña que quería darle un sentido romántico a una historia de amor truncada.

Ahora, después de cuarenta y tres años, he descubierto nuestro pacto, la historia detrás de la historia, y todo tiene sentido.

Hoy ya te puedo llamar «abuelo», aunque siempre lo fuiste, y desde que tengo mi propia casa allí estabas tú, pero ahora es distinto, porque, además de estar en imagen, estás de nuevo vivo y por fin tienes el sitio que te corresponde en la familia que se creó con aquel vínculo de amor.

De la Iglesia, nuevo apellido, nueva identidad para una nueva mujer que hace honor a un legado escondido, legado de amor imposible, de vidas truncadas con sueños desechos, de corazones rotos y enfermos de dolor porque nada mata a un corazón salvo la falta de amor, y a ti te quitó la vida con cuarenta años.

Tus latidos dejaron de tener sentido, salvo que el fruto de esos instantes de amor hoy lleva tu sello, tu identidad, el apellido que honrará todo aquello que la vida no te permitió realizar.

Querido abuelo, vaya herencia me has dejado: tener que sanar un árbol con unas raíces que no tienen dónde agarrarse porque la falta de reconocimiento les negó su derecho a anclarse a la tierra, el lugar legítimo de donde vienen. Esa ilegitimidad pudrió sus raíces. Qué difícil podar unas ramas podridas de rencor, de dolor, de venganzas, de abandonos, de envidias, de avaricia.

Aquí estoy yo, tu nieta, tratando de reparar una vida, tu vida. Una vida en la que no fuiste feliz ni tuviste éxito, ni disfrutaste del amor de pareja, ni tuviste tu lugar, porque no fuiste reconocido por tu verdadero padre y, al igual que él, lo mismo hiciste con tu hijo.

Qué ironía de la vida que me llame De la Iglesia Casado. Ni yo estoy casada por la iglesia, ni tú te casaste por amor, y mi abuela fue madre soltera... Vaya karma más extraño.

Pero aquí me tienes, corazón, latiendo por ambos, llevando por bandera el amor y haciendo de la felicidad el estandarte de mi vida. Todo el coraje y la valentía que no tuviste son para mí mis mejores compañeros de camino y los que me ayudarán a enmendar una obra que comenzó hace muchos años y que darán el permiso a las futuras generaciones de llevar la vida que merecen con amor, realidad, abundancia, responsabilidad, coherencia, libertad, honestidad, paz y mucha alegría, que son los valores realmente importantes y necesarios para vivir la plenitud.

Ya puedes estar tranquilo, porque tu apellido me ha conducido al éxito y, la primera vez que ha resonado en mí, lo ha oído un millón y medio de personas en este país. Así que puedes estar orgulloso de que tu nieta te haya devuelto al lugar al que nunca debiste renunciar.

Gracias, porque tu luz va guiando mis pasos. Gracias por permitirme hacer mi trabajo y guiarme en el camino. Gracias por tu protección; gracias por sentirte tan cerca y sentir tu amor y tu gratitud. Gracias por ir poniéndome las llaves que necesito para ir abriendo puertas. Y gracias porque tú me has permitido, a través de tu hijo, venir aquí y cumplir con mi misión.

Gracias, abuelo. Este libro va por vos.

Ya han pasado veinte años

Han pasado veinte años desde aquel 14 de febrero que llevaré grabado a fuego en mi corazón como la mayor prueba de mi vida y el mayor de los regalos.

Han pasado catorce años y no hay ni un solo año que no lo haya celebrado, pues, a pesar de que para casi todo el mundo es una fecha «romántica» por celebrarse «el día de los enamorados», para mí significa el día en que mis hijos decidieron «no nacer» e irse al lugar en donde tan solo los ángeles tienen su residencia.

Benditos ángeles y bendito tesoro el que me dejasteis, pues tan solo vosotros podíais escoger una fecha tan señalada para que siempre tuviese un motivo para celebrar el amor.

Amor de madre, amor incondicional que ama sin conocer, pero sintiendo. AMOR con mayúsculas, puesto que en mayúscula me dejasteis el mensaje.

Mensaje de desapego, de aceptación, de entender que la vida fluye en perfecto orden divino. Da igual cuáles sean tus planes, la vida sabe lo que tienes que vivir para tu más alto bien, te guste, lo entiendas, te reveles o lo aceptes. Lo que tiene que ser, es.

Así lo viví, permitiéndome pasar mi duelo, un duelo que te abre las entrañas con el dolor que siente una madre al parir a sus hijos y no volver a verlos. Una cuarentena donde mi cuerpo lidiaba con un estado biológico empeñado en ser una buena ama de cría, con un corazón partido y un alma que no sabía dónde refugiarse para encontrar la paz.

Pero la vida jamás te da nada con lo que no puedas y, aunque al principio no entendí nada, con el tiempo todo fue teniendo sentido.

Hoy, después de catorce años, puedo decir que mis hijos me hicieron el mayor de los regalos y, aunque suene raro, así lo siento.

Su partida me enseñó a vivir con aceptación, me ayudó a tomar conciencia de que hay cosas que no podemos controlar; mejor dicho, de que no podemos controlar nada, porque la vida es así de mágica y, cuando piensas que tienes el control sobre algo, te lo pone «patas arriba» para que aprendas a no acomodarte en una zona de confort en la que nada se aprende.

Llevarles dentro sin verles el rostro, tan solo sintiéndoles durante tantos meses, me hizo tomar conciencia de que lo importante de la vida no es lo que pensamos, decimos o creemos, sino lo que sentimos y cómo puedes llegar a amar tanto a alguien únicamente «sintiéndole» con el corazón.

Ya han pasado catorce años... Y sus latidos han dado sentido a mi vida, latidos con... sentidos... Y sintiéndoles sigo, porque en mi corazón jamás dejarán de latir.

Gracias, benditos ángeles, por haberme concedido el honor de llevaros en lo más profundo de mi ser.

El teatro de la vida

Luna llena, precioso resplandecer que ilumina mi noche haciendo honor a la luz que ha invadido mi día de hoy; día de grandes comienzos y descubrimientos.

Hoy ha sido un día muy importante para mí. Hoy he sido capaz de vislumbrar mi personaje, de descubrirme en un papel que nadie me pidió y en una obra que nunca se estrenó. Hoy me he encontrado cara a cara con la bendita realidad... O no, porque hay momentos en los que pienso que hay tantas realidades dentro de una que me pierdo, por lo que prefiero pensar que es la realidad que en el día de hoy me toca vivir y con eso me quedo.

Creo que cuando me encontré contigo, mi alma te reconoció y, en ese reconocimiento, se creó una ilusión. Pero mi mente, que es muy poderosa, sintió una amenaza profunda al descubrirte y trató de proteger a su gran amigo corazón, que, a pesar de sus innumerables contrariedades y discusiones, siempre busca, en su afán de entenderse, la armonía. ¿Y qué hizo? Buscó en sus recuerdos, en los archivos donde quedan registrados los miedos, las limitaciones, los traumas y todo cuanto tiene que ver con las relaciones del pasado, y se lo mostró al corazón, advirtiéndole de que todo eso estaba ahí presente y que debía tener cuidado, pues podía volver a fracasar si se mostraba tal como era; eso no sirvió otras veces. Debía protegerse, pues esta vez todo era demasiado diferente y el amor parecía estar jugando al escondite.

Entonces mi mente se inventó un personaje, un yo distinto. Una mujer que debía aprender a tener paciencia, a disfrutar de una relación basada en ratitos que robaba al tiempo, en un afán tan sumamente escrupuloso por respetar el «espacio y el tiempo» que convirtió tu obsesión en suya. Una mujer que conoció el miedo a la expresión de los sentimientos por si se los cortaban con el frío filo de la indiferencia o del desamor; una mujer que perdió su naturalidad por temor al rechazo; una mujer que perdió su sensualidad evitando el ridículo; una mujer que plegó las alas de su risa para no hacer ruido; una mujer que al final convirtió su ilusión en decepción, que se inventó un personaje con el solo motivo de complacerte, pensando en tus necesidades y olvidando las suyas.

Mi auténtico yo, ¿dónde estaba mientras tanto?

Ella se refugiaba en las otras áreas de su vida en las que sí se permitía ser ella misma: en su trabajo, en su familia, en sus amigos, en su hijo. Allí no tenía nada que temer, pues ellos la querían de manera incondicional y, es más, aceptaban y valoraban su «autenticidad». Pero ¿por qué contigo no podía comportarme así? ¿Por qué de repente me sorprendía comparándome y valorando tus anteriores relaciones, queriendo a toda costa ser diferente y darte todo cuanto antes no tenías? ¿Por qué?

¿Qué me unía a ti para cederte mi poder? ¿El miedo a que no me quisieras sí me mostraba tal como soy? ¿La decepción de no ser tu compañera ideal de vida? ¿El terror de equivocarme de nuevo? No lo sé.

Pero qué poco me gusta ese personaje, a pesar de lo mucho que tengo que agradecerle, porque me ha enseñado tanto que incluso he llegado a quererle.

De cualquier manera, y a pesar de ser solo un personaje dentro de él, en mitad de la ficción y la realidad se paseaba mi esencia y a veces de repente se sorprendía viéndose a sí misma dentro de ese traje que no era el suyo, pero que tampoco le sentaba mal, porque de vez en cuando es muy necesario dar un giro a tu estilo, a tus formas; en ocasiones es muy necesario y recomendable cambiar. Y es muy cierto que, desfilando con mi nuevo traje por la pasarela de tu amor, hubo momentos en los que me encantó redescubrir facetas, comportamientos o actitudes que me resultaban agradables, pero tremendamente desconocidas.

En el transcurso de esta obra, donde me empeñé en tener el papel de protagonista de tu vida sin conseguirlo, me perdí.

Sentí que nunca lo conseguiría, y ese comparar inconsciente me daba razones que no ayudaban a liberarme de esta obra en la que el papel principal se lo estaba regalando a otra actriz ficticia que mi miedo y tu insistencia se empeñaba en que tuviese vida. Sé que ya era hora de asumir que ni yo soy actriz, ni la obra existió, ni necesito que nadie me dé ningún papel, puesto que no me gusta nada el teatro... ¡Qué incoherencia tan absurda!

Cuando abandoné la obra, mi ego, que es tan absurdo como mi personaje, siguió pensando que la obra no funcionó, porque nunca me dieron el papel protagonista donde el chico se enamora de la chica y caigo en el atrevimiento de pensarte, caigo en las redes del abandono sin tener a qué agarrarme.

No puedo sentir el dolor de un corazón roto, pues me cuidé mucho de no entregarlo entero. Solo me puede doler el alma, pues se siente avergonzada de haberse liado con la cabeza para proteger al corazón y tratar de confundirle en esta maraña de sentimientos y pensamientos que me han estado enredando todo este tiempo, impidiendo mostrar mi autenticidad y volcar todo el amor tan grande que posee mi corazón.

Ahora, después de desenmascarar a mi personaje, puedo comprender con mayor lucidez y entendimiento todo cuanto ha sucedido.

Ahora que vuelvo a mi esencia tengo la certeza de que estoy donde tengo que estar, que nuestra relación no era posible desde donde estaba siendo y que seguimos siendo dos desconocidos en esta vida que solo tienen sensaciones, momentos, sentimientos, percepciones de algo que fue. Todavía hoy somos un misterio el uno para el otro, una relación experimental que no sé muy bien a dónde nos lleva, si es que nos lleva a alguna parte, ni cuál será el resultado de este encuentro, que a pesar de todo sigo creyendo que es mágico.

Hoy me he liberado del pasado; hoy he liberado a los fantasmas que me han acompañado en todas y cada una de mis relaciones; hoy he dado libertad a mis miedos y he cortado todas las cadenas que les unían a mí, entorpeciendo mi evolución sentimental. Ya no hay comparaciones, ni engaños, ni abandonos, ni rechazos... También los he liberado.

De ahora en adelante elijo ser yo misma en cada relación que tenga y, por supuesto, entregarme desde el corazón y dar todo cuanto tengo y llevo dentro, sin expectativas y sin apegos, pero con pasión, entrega y compromiso de alma y desde la bendita libertad del ser. Solo así deseo relacionarme.

Mi amor, siento mucho no haber sido todo cuanto soy y no haberte entregado todo cuanto tengo, pero creo que las cosas siempre suceden de manera perfecta y así habrá tenido que ser.

De cualquier manera, mi relación contigo ha sido un regalo y un gran aprendizaje.

He tenido la valentía de enfrentarme a mi sombra, a mi personaje, y desnudarme ante ti mostrándote mi alma y mi ser, cosa que no me ha sido fácil, ni siquiera reconocerlo, pero una vez que lo he descubierto tenía la necesidad de compartirlo contigo, desde la humildad, el reconocimiento y el amor que me une a ti y es real.

Ya sabes algo más de mí, a pesar de haberme reinventado un poco creo que en el fondo llegaste a vislumbrar parte de mi esencia.

De cualquier manera, en toda ficción existe realidad, y en toda realidad hay parte de ficción; yo todavía dudo si esto que te cuento es real o forma parte de la ficción.

No tengo ni idea, me imagino que hoy toca que sea real, mañana a lo mejor lo dudo.

La única certeza que tengo es que cada día es una vida en pequeño y cada día se abre ante mí un mundo lleno de posibilidades y opciones; que tengo la libertad para crear mi futuro, pues no tengo que demostrar nada a nadie, ni dar explicaciones acerca de lo que decido y escojo; que la vida es mi mejor «presente» y me permito fluir con ella, aceptando sin miedo todo cuanto tenga que acontecer. No tengo por qué racionalizarlo todo, ni ponerle títulos o etiquetas a mis sentimientos y pensamientos, solo tengo que sentir, y sentir es vivir, y vivir es compartir. El verdadero «compromiso» es con uno mismo y con la vida, y no se le debe darle otro significado, ni tenerle miedo. Pues vivir comprometido con uno mismo y con la vida es sentir la pasión que te da el bendito libre albedrío y el amar desde la autenticidad del alma, del corazón, y ese sentir no lleva título.

Sal ya tú también de esa obra, donde el papel que representas forma parte del pasado, libera tú también a tu personaje y recupera tu persona.

Libérate del raciocinio continuado, del pensar desde la rigidez del que nada se permite. Es tan sano sentir, amar, reír, apasionarse con la vida. Da igual si es a través del dolor o el placer, ambos tienen su bonita enseñanza y eso es vivir.

Permitirte eso es darte libertad; sentir desde el corazón, eso es libertad. Solo el que se enfrenta a sus miedos es verdaderamente libre; nadie te puede dar ni quitar lo que realmente es tuyo, lo que forma parte de tu esencia.

¡Sal de la jaula de tu represión, libérate de la obsesión del tiempo y del espacio, eso ya lo tienes! No pidas lo que ya te ha dado por ley divina la vida, eso ya te corresponde. No luches ni te obceques más. Permítete ser, sentir, amar, gozar, reír, vivir.

Yo ya he recuperado mis alas... ¿Recuperarás tú las tuyas?

Amor de mis amores

Hola, mi amor:

Desde este rincón profundo de mi corazón te escribo esta carta. Unas letras necesarias para expresar todo cuanto siento y todo lo que estoy viviendo en estos días de necesaria separación física y conexión interna.

Es curioso, llevo muchos días sin verte, y aunque no hemos hablado lo suficiente a nivel profundo por las circunstancias que se han dado y, a pesar de todo, es la primera vez, en los meses que llevamos juntos, que te he sentido a un nivel que nunca antes había percibido. Es la primera vez que estando tan lejos estabas tan cerca. He experimentado momentos de tremenda confusión respecto a mis sentimientos por ti, de tus sentimientos hacia mí, de nuestra «relación»... Y eso me ha llevado a profundizar en las estancias de mi ser y poder «darme cuenta» un poco de todo lo que me estaba sucediendo.

La sensación de no entrega profunda y de poner tantos límites, algunos de ellos inconscientes, me ha generado cierta inseguridad con respecto a tus sentimientos, y en esa inseguridad han aflorado mis fantasmas, esos que pensaba que estaban cerrados a cal y canto en el desván de mi corazón. Y como fantasmas que son me han asustado. He sentido miedo, incluso he querido encerrarme en la jaula del olvido para no tener que enfrentarme de nuevo a ellos.

Pero yo no soy cobarde, soy un hada, y las hadas no temen a los fantasmas, solo los encaran y, con su varita mágica, los convierten en alondras devolviéndoles así su libertad. Y eso he hecho, mi dulce niño, he tenido que recuperar mi varita mágica y enfrentarme a todos esos fantasmas que me asustaban. Pero ya soy libre de nuevo, porque he transmutado mi miedo en libertad. Y he comprendido que solo desde la libertad, es posible amar.

He dejado fluir mi dolor, el dolor que se siente cuando uno piensa que le agreden, que no le aman, por haber llegado demasiado pronto o por representar las heridas del otro de alguna manera... Y ese «freno» constante detuvo mi ilusión, frenó a mi Venus e incluso llegó a lastimar a mi reciente amiga, la autoestima... Y tambaleó mi certeza.

Es duro, por lo menos para mí, tener todo el rato presente el interrogante de ¿sobraré?, ¿tendrá suficiente espacio?... Empecé a respetarte tanto a ti y a tu espacio que dejé de respetarme a mí y a mi espacio, y en cuanto tomé conciencia de qué estaba ocurriéndome, decidí que así, desde ahí, ni un minuto más.

Ahora, desde la distancia, y con las enseñanzas que te da el poner tiempo, silencio, observación y discernimiento, he descubierto que, a pesar de esos momentos en los que me he sentido tan mal y he pensado en tirar la toalla, esta «relación» me ha merecido la pena hasta el momento.

Hoy es mi cumpleaños y he de agradecerte desde lo más íntimo de mi ser todo el aprendizaje que me ha aportado la relación contigo. Tú me has enseñado el valor del silencio; mi silencio antes estaba lleno de ruidos.

Tú, desde el valor tan inmenso de tu espacio, me has enseñado a valorar el mío y a sentirme tan a gusto en él. Tú, con tus ojos, esos lindos ojos de mirada profunda, me has enseñado cuánto se puede decir sin mediar palabras. Tú, desde el discernimiento y la tranquilidad que da la sabiduría, has puesto freno a ese potro indomable que con su brío a veces da coces sin darse cuenta de que nadie quiere atraparle ni atacarle. Tú, que desde tu libre albedrío has puesto alas en mi corazón. Tú, que desde las fronteras de tu alma me has hecho ver la grandiosidad del territorio. Tú, que desde los límites de tu corazón me has enseñado lo importante que es para mí el amor ilimitado. Tú, desde tu forma de querer, he aprendido cómo quiero que me quieran. Tú, desde tu imposición, he cogido mi posición. Tú, desde tu cercanía, me has enseñado la lejanía. Tú, en la distancia, me has mostrado tu presencia. Tú, desde la pausa, me has hecho ver lo que te pierdes en la prisa. Tú, desde el dolor, me has enseñado a ser tu bálsamo. Tú, desde la seriedad, has reforzado mi sonrisa. Tú, desde la meditación, has reforzado mis creencias. Tú, con ese niño interior escondido tan rico, has conquistado mi alma. Tú, y solo tú, eres el compañero de vida que quiero para compartirla y seguir aprendiendo, jugando y disfrutando del maravilloso camino que nos espera, amor de mis amores.

El amor

Amor, bonita palabra. Es quizá de las palabras que más utilicemos en nuestra vida, pero me pregunto si realmente tenemos idea de su significado y, aún más, si sabemos realmente «amar».

Nos han educado pensando en que cuando amas a alguien has de entregarte a esa persona, cuidarle, respetarle, serle fiel, «aguantar» (porque en el amor siempre se aguanta), hacer concesiones en pro de ese amor.

Pero cuando se trata de «dar» amor es fácil, todo el mundo parece saber cómo hacerlo; todo el mundo ha acumulado en su histórico de vida muchas experiencias basadas en el amor, pero me gustaría saber cuántas de esas experiencias están basadas en amor real, en amor incondicional.

Hasta hace unos años yo pensaba que el único amor incondicional era el de una madre. Nadie como ella te amaba, fueses como fueses e hicieses lo que hicieses, eso era amor, pensaba yo. Pero fui madre y comencé a observar a las madres, sus comportamientos, sus exigencias, sus expectativas hacia sus hijos y me di cuenta de que ahí no había amor incondicional. Lo que había era un amor que en ocasiones cubría carencias afectivas o buscaba un reconocimiento social, intelectual o físico a través de sus hijos, ya que si ellos representaban todo lo que no habían sido capaces de ser o conseguir, de alguna manera ese «éxito» les correspondía también a ellas.

Hablo de las madres, pero también meto en el mismo saco a los padres, pese a que yo creía que el amor de un padre era diferente; solo por el mero hecho de no habernos tenido dentro de su vientre durante la gestación, le posicionaba siempre en un segundo lugar... Pero solo eran eso, elucubraciones... Y, por supuesto, generalizaciones, porque existen madres y padres que aman incondicionalmente a sus hijos. Pero esto solo pueden hacerlo los que son capaces de amarse a sí mismos, y no se trata de egoísmo, se trata de amor, de respeto y de aceptación.

El tema es: ¿puedes amar a alguien si no te amas a ti mismo, si no te aceptas, si no te respetas y no te gustas?

¿O confundimos amar con querer?

Nos enseñan algo que es casi completamente desconocido y nos lo pretenden enseñar los que ni siquiera lo conocen, y aún pensamos que podemos tener éxito en nuestras relaciones personales.

Es prácticamente imposible.

Así están las relaciones de pareja, aumentando el índice de divorcios a toda prisa. Así están las relaciones personales, con falta de lealtad, competitividad, celos... Así están las relaciones familiares, con desavenencias, discusiones, envidias, rencores... ¿Y todo por qué?

¡Por falta de amor!

Andamos como mendigos buscando ser aceptados, reconocidos, amados, queridos por los «otros». Vendemos nuestra alma y cedemos nuestro poder a cambio de migajitas de atención, jirones de cariño y amores de bolero, sin darnos cuenta de que todo eso es... ¡humo!

Es algo irreal con un precio altísimo, pero somos capaces de pagarlo. Total, estamos tan acostumbrados a que en la vida todo cueste, a que todo tenga un canon elevado, que pensamos que merece la pena si así me voy a sentir querido, amado o reconocido.

Entramos en nuestro propio autoengaño, ya que nuestro inconsciente sabe positivamente que eso que esperamos no va a suceder, porque es imposible. Pero es más fácil autoengañarse que tomar conciencia de quiénes somos y ¿para qué necesitamos realmente del otro si tenemos dentro todo el amor que nos llena? Nos conformamos con migajas teniendo un gran tesoro; cedemos nuestro poder entregando toda nuestra responsabilidad al otro para que nos haga felices o cumpla nuestras expectativas, mientras engordamos su ego y le otorgamos el gran castigo de la culpa cuando la decepción es el resultado de nuestras expectativas... Qué trampas nos hacemos con lo fácil que sería todo, ¿verdad?

Si desde que nacemos se nos educara de una forma libre y amorosa, si se nos escuchase acerca de nuestros gustos y se respetasen nuestras ideas, sueños e ilusiones, y se nos ayudara a potenciar nuestros talentos, se desarrollarían personas sin límites.

Personas que se respetarían porque irían a favor de su alma y se amarían a sí mismos por lo que son, sin necesidad de tener que parecer que respetarían al prójimo como a sí mismos y, por supuesto, que sabrían amar, porque en su amor propio encontrarían todo cuanto necesitan y así a la hora de amar a otra persona solo sería desde el corazón, sin expectativas, sin ego, desde el respeto y sin condiciones... Así sí sería posible que las personas comenzásemos a vivir el amor.

Pero nunca es tarde, los que fuimos educados en generaciones pasadas siempre podemos desaprender y aprender de nuevo a amarnos, y los que somos padres tenemos la responsabilidad de educar a nuestros hijos en ese amor incondicional para hacerles personas libres y que amen de verdad desde su propio amor.

De esta manera, y poniendo todos un poquito de nuestra parte, es posible cambiar la humanidad y es posible que el amor nos cambie haciendo una sociedad más auténtica, más libre, más feliz, más pacífica y más amorosa... Y poder compartir latidos sin que haya «paros cardiacos».

Ya nada sirve

Qué bendita necesidad de escribir me invade en estos momentos en los que no sirve el desahogo con amigos, no sirve que las predicciones del futuro auguren cosas maravillosas, no sirve que yo crea que he hecho lo correcto. No sirve que la gente que te quiere, te cuide y esté mimándote y dándote ánimos; tampoco sirve que me torture pensando que no merece la pena ni un minuto de sufrimiento por alguien que no fue capaz de enamorarse de mí. No sirve.

Hoy es el primer día que he sentido realmente tu ausencia; hoy ha sido el primer día real de duelo. Los días posteriores a la ruptura fueron días de tristeza, llanto, confusión. No sé, realmente no me sentía bien, pero creo que, en el fondo, en algún rinconcito de mí estaba escondida, y casi diría que esbozando una leve sonrisa, mi amiga «la esperanza».

Pero tras la conversación del otro día, donde pude dar rienda suelta a todo cuanto pensaba y había meditado durante varios días, y después de enviarte los e-mails, entendí que en ese mismo instante la puerta quedaba sellada a cal y canto, ya no había marcha atrás.

Por un lado sentí un alivio tremendo por recuperar mi fuerza interior, ya que en estos meses de relación la he tenido muy controlada e incluso en ocasiones estaba descansando en el balneario de los recuerdos.

Me encantó expresar todo cuanto sentía y dejar las cosas claras, pero un sentimiento de pena hizo aguas mi alma y, resguardándome en la patera de mis sollozos, tuve claro que no eras el hombre de mis sueños.

Un hombre al que yo había amado, había respetado, había cuidado y mimado. Ese mismo hombre estaba ofreciéndome migajas de tiempo, tratando de compensar su falta de amor con un banquillo de segunda división compartido por amigas y exparejas; no podía creerlo, qué tristeza.

Lo único que podía ofrecerme era su indiferencia, porque «a él le daba igual verme o no»; estaba tan contento de la decisión que había tomado que, hombre, en algunos momentos se acordaba de mí, pero que podía estar perfectamente sin contacto... ¡Qué triste!

Ahí entendí por qué lo nuestro o, mejor dicho, «lo mío», porque nuestro no fue nada, no funcionó. Es imposible que un corazón de fuego y un corazón de hielo puedan unirse sin resultar dañado alguno de ellos, y en este caso el frío era tal que acabó extinguiendo mi fuego y marchitando mis esperanzas, mientras mis ilusiones se hundían en el fango del olvido... ¡Qué triste pensar que me quería o incluso que podía enamorarse! ¡Qué ilusa!

No puedo entender cómo es que cuando profundizaba en el mar de tus ojos, en esas aguas egipcias que me transportaban en una balsa de dulzura, te sentía tan en comunión conmigo. Allí era capaz de perderme en tu silencio, en tu recuerdo, recuerdo de vidas pasadas que conectaban con algo muy profundo de mí... Y creía en ti, en tu ser.

Cuando me quedaba a vivir en las estancias de tu cuerpo y sentía como una especie de imán que me pedía que no apartara mi mano con sus caricias de ti... Y creía que eso era especial, creía en ti, en tu ser.

En los momentos de complicidad, de telepatía, de entendimiento sin palabras, de causalidades, creí que eso era magia; también creí en ti, en tu ser.

Pero hoy, aquí y ahora... No sirve... Tampoco sirve.

No quiero estar triste, ¡no puedo ni me lo merezco!

Pero es que ni siquiera tengo en dónde agarrarme para llorar, solo a un ego tontorrón que cree que le han hecho daño porque no se han enamorado; a unos ojos que creí que me hablaban de amor; a sensaciones a las que di un significado inexistente. No sé, me siento tonta, porque ni siquiera sé por qué sufro, por qué estoy creyéndome la protagonista de un duelo falso en el que no hay difunto, porque nunca hubo vivo... Porque nada pierdo, porque nada tuve; porque no me ha abandonado quien nunca me perteneció. Porque ya... nada sirve.

El ilusionista

Cuatro meses sumergida en un vaivén de emociones, sentimientos, efectos especiales, magia.

Meses, semanas, días y demasiadas noches de sueños, ilusión, palabras, miedo, esperanza, certezas, dudas, lágrimas y muchas risas que iluminan el alma de quien ansía sonreír y darse la oportunidad de abrir su corazón a una felicidad ya casi olvidada, convirtiéndose en una adolescente viva, fresca e incluso inocente.

Proyectos de futuro envueltos en la ilusión de lo irreal, sueños que despiertan con la frialdad de la falta de piel, de contacto con tacto de presente ausente, como ausente estás tú.

Excusas impregnadas de promesas de esas..., de esas que ya no convencen porque vencen plazos que nunca llegan a cumplirse, tiempos que fueron y tiempos que están por llegar, y por llegar estás tú y yo me cansé de esperar.

Como un mago apareciste en mi vida, convirtiendo mis lágrimas en mariposas, desterrando las espinas de mi corazón y poniéndole alas, alas que me llevaron a lugares mágicos llenos de sueños de caballeros y princesas, donde nuestro amor era posible, ancestral, sagrado.

Sembraste en mi alma la «ilusión» y con tus besos me hiciste tocar el cielo en instantes breves que robábamos al tiempo; tus palabras eran risas que iluminaban mi rostro y hacían brillar mis ojos de hada desprendiendo polvo de estrellas.

Pero todo eso fue un sueño, momentos efímeros y mágicos que se pierden y dejan una sensación de vacío que escuece a un corazón entregado que resiste a pasar de nuevo por el luto, el duelo, el dolor.

Querido mago, ilusionista, ¿para qué vuelves a mi vida poniéndola patas arriba si luego no vas a quedarte?

¿Para qué me revuelves la entraña, descolocas mis sentimientos y enloqueces mi corazón si luego no vas a ser capaz de hacerte cargo?

¿No ves que he puesto todo lo que tengo, soy y poseo a disposición de este amor?

Ahora en mi destierro me siento como la princesa que creía en los cuentos de hadas, pero que se vio obligada a dar calabazas al caballero de la armadura oxidada.

En mi soledad de nuevo me encuentro con lágrimas en los ojos, esos ojos que hace tan solo días brillaban por ti y estaban rebosantes de chispas de luces que hablaban de ilusión y ahora solo lloran por los sueños rotos.

Creí que eras un guerrero, un valiente con miedo, como tú decías, pero no, solo eres un ilusionista con tanto miedo a ser que se coloca en un papel de víctima para no reconocer su poder y seguir escondido en un personaje en el que ya apenas crees.

Me has colocado tan alto para tener la excusa perfecta para abandonar y no comprometerte sintiéndote incapaz.

Te escondes tras la culpa, pero sentirte culpable tan solo alimenta a tu ego y le da fuerza a tu víctima y a tu sombra.

Te colocas tan bajo para seguir quejándote, echar balones fuera y no asumir tu responsabilidad.

No te amas, como tampoco me amas a mí.

Solo quieres mantenerme cerquita para no sentir mi abandono, porque sabes que te amo y que te veo, porque sé quién eres y lo que vales, y no he parado de luchar para que tú lo vieses... Pero tú no quieres mirarte, no quieres sentir ni sentirte, prefieres hacerme responsable de tus procesos enfadándote conmigo para seguir mirando a otro lado.

Pero tu hada se retira, retiro mi magia, porque es la única forma que tengo de ayudarte y respetarme a mí y no hacerme daño.

Recojo mi energía, transmutaré mi dolor y sigo mi camino, un camino con sentido, y sintiéndolo te dejo, abandono un lugar que nunca tuve, porque jamás existió, salvo en nuestros sueños e ilusiones.

En mis noches de luna creciente, le pediré al cielo que vuelva a poner magia en tu corazón y que te ayude a encontrar la valentía y el coraje de aquel guerrero que un día fuiste y todavía está ahí en algún lugar escondido de tu ser deseando salir y romper los barrotes de la celda de su miedo.

Mi querido mago, ojalá algún día recuperes tu poder, porque la «ilusión» no es real, pero la magia sí, y siempre estará esperándote, porque... las hadas existen... Y tú conociste a una que quiso compartir su magia y su vida contigo... Pero que no se merece ni va a permitir migajas de tiempo, abrazos negados, despedidas por chat, falsas ilusiones, excusas vanas, promesas rotas y sueños efímeros, como efímero ha resultado ser «lo nuestro», una historia basada en conversaciones, miradas, recuerdos, efectos especiales, cuatro citas y algunos besos.

Ahora nos queda el silencio, que habla de profundos sentimientos y palabras vacías que no tienen sentido.

De todas formas, para mí esto ha sido un precioso regalo, pues me ha abierto las puertas del corazón y me he permitido amar, dándome la oportunidad de querer vivir una bonita y auténtica historia de amor —eso creí—, y de volver a creer y confiar en un hombre, porque sentí que tú lo eras, ese hombre con nombre.

Te doy las gracias desde lo más profundo de mi corazón por sanar mi pasado contigo, por tus miradas, por tus risas y tus sonrisas, por tus besos, por tus canciones, por tus palabras por abrirme tu alma y mostrarme tu sombra, por tu confianza, por compartir tus ratitos de vida, por dejarme vislumbrar tu luz y sentir tu poder... Por ser a mi lado quien eres y mostrarme tu grandeza y dejarme ser a tu lado y devolver el brillo a mis ojos. Gracias por dejarme creer en ti y reconocerte.

Seguir sin ti

Ha pasado tiempo desde que me fui de tu lado, llevo mucho tiempo sin verte, pero sigo sintiéndote.

Tu comportamiento me habla, aunque tú hayas cortado todo tipo de comunicación conmigo; imagino que tus motivos tendrás para hacerlo y ojalá no sean los de seguir con este juego tortuoso y peligroso que tanto daño ha hecho a nuestra relación. De cualquier forma, quiero que sepas que yo hace tiempo que dejé de jugar, ya abandoné el juego y me liberé, nada me encantaría más que tú también lo hicieses, pero eso no es cosa mía.

Ya liberada de ti, nada de lo que puedas hacer o decir logrará hacerme daño; ya no te doy el poder para que así sea. Yo te sigo queriendo y me parece bien lo que tú decidas hacer con tu vida, aunque no lo comparta, pero entiendo que tendrás que hacer lo que te toque según el proceso que estés viviendo. Y si tu decisión es hacerte daño, seguir autoengañándote y no respetándote o amándote como debieses, eso forma parte de tu responsabilidad y lo respeto.

Yo me he perdonado y te he perdonado, aunque siento que el perdonar a alguien es un acto de soberbia, pues yo he sido responsable de todo cuanto me ha sucedido y, si he sufrido o me has hecho sufrir, es porque yo lo he permitido, entonces siento que quizá no deba ni tenga que perdonarte.

He pasado mi duelo y lo he pasado francamente mal, pero estoy tranquila porque he sido coherente y me he querido, respetado y mimado durante todo el proceso.

Querido mío, habría sido maravilloso que hoy me encantara tu forma de ser, como sucedió cuando te conocí. Creo que a mi ego le habría encantado que fueses y actuases como yo necesitaba y deseaba, igual que al tuyo le habría gustado que yo fuese esa mujer que él quería y necesitaba que fuera. Pero ni tú estás aquí para ser quien yo quiero, ni yo me voy a convertir jamás en lo que tú sueñas, quieres o te viene bien.

Cada uno es como es. Realmente lo que nuestra alma anhelaba era lo único que nos unía en común y era sentirnos aceptados y amados tal como somos.

La razón por la que me fui de tu lado no fue porque quisiera cambiarte, siempre intenté aceptarte y ayudarte a recuperar la autenticidad de tu ser, intentando no juzgar tus comportamientos por muy estridentes, paranoicos y estrambóticos que resultasen; intentaba entender que debía respetarlos si eso era lo que necesitabas, a pesar de que a veces eran dañinos para mí y no supe poner límites.

No me fui por falta de amor, porque creo que jamás me enamoré del personaje, me fui por tu falta de amor hacia mí.

Dejó de compensarme esta relación. Nunca te abandoné, solo te di lo que tanto parecía que ansiabas y me retiré para dejarte ser y seguir mi camino siendo, pero sin ti.

Te he querido mucho, todo cuanto te di, lo hice con ganas. Tú me diste mucho y lo agradezco, lo honro y asumo mi parte de responsabilidad en esta relación; me la trabajaré. A ti te dejo la tuya y ya sabrás qué hacer con ella.

Sigo mi camino en paz y en paz te dejo con el tuyo, me quedo con tus enseñanzas, pues para mí has sido un gran maestro; me has mostrado el poder de mi ego y han salido caras de mi personaje que no conocía. Gracias, porque el amor y sus vaivenes, los encuentros y desencuentros, son guías que nos muestran los problemas que siguen habitándonos y que somos incapaces de verlos de otra manera.

La maestría de la pareja y nuestra disposición para aprender nos coloca, si lo permitimos, en el camino de producir o recuperar la magia del vínculo.

Si somos valientes y nos miramos en ese espejo, encontraremos la clave para desarrollar aspectos en pugna o negados, y hacer crecer todas esas cualidades que veía en el otro y que creía no tener, y ambos podemos acceder al caudal amoroso e inagotable que tenemos dentro.

Pensamos que cuando el otro hace algo que no nos gusta o nos hiere, nos cerramos y pensamos que sufrimos por su falta de amor, pero la verdadera causa del dolor es nuestra propia cerrazón.

Cuando nos cerramos, dejamos de crecer y cortamos el camino hacia nuestra fuente de amor.

Nos defendemos del dolor, nos endurecemos y reaccionamos desamor. En realidad, son nuestras reacciones las que convierten lo que el otro hace en un problema y en una fuente de sufrimiento.

El precio de esta cerrazón no lo paga solo la relación, sino que nosotros mismos perdemos contacto con la magia de la vida. Nos volvemos personas cerradas, desconfiadas.

Para recuperar la magia necesitamos volver a abrirnos, quitar los frenos a nuestra fuente de amor para poder mirar amorosamente, en cada conflicto, cuál es nuestro aporte.

Cómo podemos ayudar en lugar de cómo podemos vengarnos. Cómo sostener el alma del otro en vez de cómo castigarlo. Cómo podemos aliviar su culpa y no cómo tomar revancha.

Eso es transformar la energía del enfado en un crecimiento y celebrar la vida tal como se presenta.

No es necesario que nadie me dé lo que yo ya tengo.

Nada nos falta, pero sí precisamos de alguien que con amor sea espejo en el que podamos vernos sin temor. Esa será la ayuda que nos permitirá destrabar los mecanismos que nos impiden volvernos mejores personas.

Ojalá superemos esto, de corazón; sanemos nuestras heridas y que estas enseñanzas nos ayuden en nuestro camino... El camino del amor.

Aprenderé a quererte desde otro lado, seguiré mi camino en paz y solo te pido que no me lo pongas difícil.

A pesar de mis errores, siempre te di lo mejor y, aunque solo sea por agradecimiento, por favor te pido que no me des de ti lo peor... No me gustaría quedarme con ese personaje que tú no eres.

Gracias.

Sensaciones

Sensaciones de tristeza invaden mi cuerpo y siento ganas de llorar sin tener claro un porqué o teniendo tantos que no sabría darle el protagonismo que merece al sentimiento primario que origina en mí tal sensación.

Mi silencio pone barrotes a mi corazón, corazón que a veces siento que se cansa de latir al compás de una música que le envuelve en dulces melodías y otras suena tan estridente que podría romperle, y eso le asusta y se calla, no quiere hacer ruido, ya conoce el dolor que le produjo el estallido de los miles de pedazos en los que en tiempos pasados sufrió y tanto le costó unirlos y formar un corazón sano.

Quizá es que después de este estallido y esta nueva composición creí que tenía un corazón sano y me equivoqué; quizá en cada pedacito que se rompió vive escondido el recuerdo de ese dolor y, por mucho que me empeñe en cuidarlo y mimarlo, nunca más volverá a latir de esa manera.

Quizá las cicatrices son tan profundas que solo permiten que este corazón esté tranquilo y feliz con melodías suaves y dulces, porque en el momento que cambia el compás y se vuelve brusco o con sonidos que desconoce o le descolocan, vuelve a tener la sensación de partirse y hacerse añicos de nuevo, y le aterroriza pasar otra vez por esa experiencia, ya no quiere volver a sentirse así.

Mi cuerpo se estremece; a la altura del estómago siento como si me partiera en dos y un escalofrío me paraliza, pero a mí no puede pasarme esto, soy terapeuta y llevo años trabajando entendiendo el porqué de las experiencias; siendo positiva; poniéndole sonrisa a la vida, a pesar de que ella a veces me pone mala cara o deberes demasiado complicados para una alumna de primaria. Por qué me siento así si debería estar tan feliz.

La susceptibilidad que siento se me hace insoportable; la sensación de cansancio arremete contra mí queriendo salir corriendo y volar; volar lejos, donde nadie me vea, donde forme parte del todo y todo forme parte de mí.

Donde todo fluya de manera natural, sin cortapisas, sin ataduras, sin retorcimientos, sin dobles intenciones, sin malos entendidos, solo desde el corazón, donde el más puro amor sea posible. Ahí es donde quiero estar.

Creo que no puedo, creo que me estresa esta situación en la que nada es claro, en la que no tengo donde cobijarme porque todo es efímero y en cualquier momento puedo o tengo que salir volando con mis alas rotas.

Por qué me duele cada vez que me recuerdas que en nuestra relación la pasión no es tu fuerte y en tus anteriores relaciones sí lo fue; me duele no vivir esa pasión que hace que vibre el corazón y todo el alma se estremezca sintiendo que solo por esos instantes merece la pena vivir... Yo soy pasión y siento que contigo mi llama bombea, pero no se puede permitir el lujo de flambear nuestros corazones envolviéndonos en el fuego del amor.

Me hablas de tu libertad desde los barrotes de tu pasado, que te impiden volar a mi lado y yo ya no sé que darte... Me pidieron que te regalara unas alas y a veces pienso que quizá no sea yo la mensajera perfecta que tenía que venir a darte tal presente, porque te cuesta tanto sentirlas y te empeñas tanto en esconderlas que creo que realmente tienes tanto miedo a volar que no las sacas del armario de tu resistencia, te inventas excusas y no paras de ponerme a prueba, porque crees que en esas pruebas tienes la muestra de que soy yo la persona, de que te puedes relajar y volar, porque las alas que te he regalado son seguras, son de verdad y no te caerás.

Pero no te das cuenta de que, mientras tú pruebas y me pruebas, mi alma se desvanece cayendo en la duda que produce la desilusión del que no confía, del que no vuela.

Mis alas son ligeras, no soportan el peso, y esas pruebas para mí son demasiado pesadas, no permitiéndome volar tan alto como quiero, e incluso me empujan hacia abajo y me agoto..., y no comprendo. Yo aprendí a volar, ¿por qué ahora tengo que pasar por esto?

Mi cabeza da vueltas y ya no sé qué es lo correcto; unas veces siento que son las heridas o cicatrices de mi corazón las que me hacen dudar y otras pienso que son mis patrones del pasado los que no me permiten entender; me pierdo entre lo que debo, lo que quiero, lo que siento y lo que para mi alma es correcto... No sé a quién hacer caso, a mi mente, a mi cuerpo, a mi corazón o a mi alma... Esta vez no se ponen de acuerdo y eso me crea muchísima tensión, inseguridad, falta de ilusión, tristeza e incluso impotencia... ¡Y yo no quiero estar así!

¿Qué estoy haciendo mal?

¿Por qué la vida me pone esta prueba en estos momentos?

¿Es que no eres la persona adecuada y debo aprender de esta relación?

¿Por qué, si siento que esto podría funcionar y me resulta tan difícil y con tantos inconvenientes?

No sé y quiero saber.

Siento que pierdo mi fuerza y que, a veces, por excesiva complacencia y por querer entenderte y ayudarte en tu evolución o querer darte seguridad y confianza, renuncio a mi fuerza y te la cedo, pero en ocasiones siento cómo tu carácter castrador me pasa factura y repites el patrón que tanto daño te hace, lo haces sin darte cuenta y yo lo veo, pero no digo nada, porque lo entiendo. A veces me hace daño lo que no es justo y te siento egoísta y no me gusta... Veo tu sombra y reconozco en ti las marcas que dejó la excesiva represión; siento tu dureza.

Sé que lo haces inconscientemente, pero lo haces. Tú quieres que los demás respeten tu libertad, tus modales, tus costumbres, tus deseos o tus fantasías, pero tú ¿qué estás dispuesto a ceder? ¿Qué estás dispuesto a entregar?

A mí no me gusta cuando eres maleducado y te lo he hecho saber, tú no lo has cambiado. A mí no me gusta que me digas a todas horas mis defectos, pues tú tienes muchos también y yo no te los recuerdo.

¡Estás siempre con el tema del yin y del yang dichoso! Es cierto que tengo un yang muy fuerte, pero solamente tú me has hecho sentir que me falta yin y solo contigo he bloqueado mi parte de diosa, nunca con mis otras parejas me he sentido cortada o con reparos en demostrarme así.

¿Cómo sacar la mujer que llevo dentro, femenina, sutil, delicada, si tú no te muestras ante mí como un caballero que conquista, que corteja y que se deja seducir?

A veces no llegaba a entender por qué estabas conmigo si todo te molestaba o no te gusta, mi forma de vestir, mi manera de hablar o expresarme, mi calor corporal, mi físico... A veces pensaba ¿quién se cree él para tratarme así? Cuando alguien ama hace de los defectos virtudes, porque todo le gusta, no al revés. ¿Cómo voy a poder sentir así mi femenino y dar rienda suelta a mi diosa? Tú no eres un adonis y, si quiero, te puedo sacar mil defectos, pero yo te amo y no los veo o no me importan, y jamás te machacaría con ellos.

Tú inconscientemente lo has hecho y yo tengo un bloqueo y grande, porque me permití el lujo de no ser yo por todo eso... Creo que todo lo que me ocurre ahora es producto de todo lo que me he callado y he aguantado por intentar ayudarte, pero siento en ocasiones que ya no puedo más, que me canso, que quiero que esto fluya o cuando llegue a la meta voy a estar tan cansada que no voy a poder ni disfrutarlo.

Me desilusiono y me ilusiono, me entrego y me retiro, vuelvo y me voy, pero este maldito fantasma me persigue... ¡Ya no sé qué hacer!

Pienso que realmente no me amas, que esta historia nuestra está basada más en la buena intención y en las ganas que tenemos de que salga bien que realmente en el amor de verdad, y me siento tan triste.

Deseo tanto oír palabras de amor de tu boca, mensajes llenos de pasión, detalles románticos que me hagan sentir especial, que me den la confianza de que hay algo más que pasado, traumas, anclajes, fantasías.

Yo quiero ser tu fantasía, tu mujer, tu diosa, pero hay demasiados fantasmas que me quitan o, mejor dicho, que siento que no existe más que un rinconcito para mí y quiero mi sitio completo.

Quiero nutrirme y nutrirte, y no sé por qué a veces me siento mermada, en una posición de inferioridad; estoy en una posición que no es la mía.

Tú quieres curarte, liberar tus fantasmas, pero creo que te resistes, a estas alturas y viendo cómo sufres tú, yo y la relación, creo que ya va siendo hora de que hagas terapia en serio y todavía no te he oído pedir cita.

No es mi asunto, ya lo sé, pero desgraciadamente me afecta y creo que ya he hecho todo lo que podía hacer, estoy ansiosa por ver resultados; tengo la sensación de llevar demasiado tiempo y estar agotándome día a día.

Quiero vivir un romance, una bonita historia de amor, de pasión, sin tantas complicaciones. Me lo merezco, quiero sentir que soy la reina del corazón de mi hombre y que me trate como tal, porque yo estoy preparada para ello y lo deseo con el alma.

Todo, absolutamente todo, es fácil de llevar entre dos personas que de verdad se aman, sin dudas, sin tacha, con seguridad, con pasión y con entrega.

Mi corazón desea abrirse, expandirse, palpitar de amor y por amor, pero tiene una losa que se lo impide y como no se la quite pronto acabará rompiéndose.

¿Qué pasa, cariño? ¿Por qué es tan difícil? Si no exijo nada.

No quiero que repitas la misma historia que con tus anteriores parejas y, por favor, no vayas provocando que te abandone, eso ya lo hiciste, habla claro.

Yo valoro muchísimo y te agradezco desde lo más profundo de mi corazón tu sinceridad; creo que te he demostrado que puedes confiar en mí, porque no existen los juicios, ni he salido corriendo. Solo he intentado mirar todo desde el respeto y la comprensión que da el amor. ¡Pero son tantas cosas...! Y siempre eres tú y tú, y después tú, que no sé dónde estoy yo.

Necesito alegría, chispa, ilusión y pasión; es indispensable para mí tenerlas en mi vida, sino me voy marchitando poco a poco y creo que eso es lo que me pasa.

Solo espero que me entiendas y leas esto desde el corazón y no te justifiques ni te pongas a la defensiva o pases la «patata caliente»; no es necesario, tan solo quiero poder expresarme y que me entiendas.

Prefiero escribir, porque así puedo abrirme mejor y, como me encuentro muy sensible y especialmente irascible, de esta forma no pongo mi filtro emocional y puedes entenderme mejor.

Siento muchísimo todo esto y te pido perdón por mi actitud en determinados momentos, pero no sé hacerlo mejor, estoy aprendiendo; solo puedo decirte que lo hago lo mejor que puedo y con la mejor de mis intenciones, pero me pierdo, mi amor, ya no sé qué hacer.

Solo quererte desde lo más profundo de mi corazón, pero parece que no es suficiente.

Me pierdo en un sinfín de sensaciones.

Señales

Pido señales al cielo, señales que me muestren el camino que debo tomar y me saquen de esta incertidumbre que pone ansioso mi sentir, confundiéndome entre lo que soy, lo que siento, lo que quiero y lo que invento. Señales que me den la certeza de que estoy en el camino correcto o equivocado, porque hay días que dudo y otros lo veo todo claro.

Que te quiero, lo sé, pero ¿qué quiero contigo?

¿Quiero que seas mi pareja? ¿Un compañero con quien compartir este viaje, una casa, unos hijos, un proyecto, unos sueños? ¿Un compromiso de alma?

¿Quiero que seas mi amante? ¿Una persona con quien vivir momentos fascinantes llenos de pasión, sin ataduras, con un presente divertido, pero sin futuro?

¿Quiero que seas mi amigo? ¿Ese colega con quien compartes intimidades, del que disfrutas de momentos entrañables, en quien confías y con el que, por supuesto, el sexo no existe, pero sí el amor?

¿Qué quiero? Creo que, si soy honesta y hablo desde el corazón, quiero lo que siempre he querido, «una pareja», ese compañero de vida del que tanto hablo y con el que siempre soñé. Ese ser maravilloso con el que no tenga cabida la duda que provoca inseguridad; ese hombre que me haga sentir y sacar la mujer que hay en mí. Esa persona generosa con la que compartir y darle todo, pues todo tiene quien todo da, sin miedos, ni frenos, ni apegos, ni expectativas, desde el corazón, con el alma.

Ese hombre que tan solo con mirarme sepa lo que pienso, porque exista tanta complicidad y conexión que no hagan falta las palabras. Ese compañero que cuando me abrace sienta la seguridad y protección de sus brazos, que, cuando me bese, sea como saborear un trocito de cielo y que cuando hagamos el amor nos fundamos en un solo ser.

Ese hombre que me ama y al que amo, al que respeto y me respeta. Ese hombre, mi hombre, mi amor.

Pido señales a mis ángeles, pruebas de que eres tú o no. Y en ese momento me llegan un montón de mensajes románticos tuyos escritos hace tiempo, tiempo en el que decidimos separarnos igual que ahora para que tú resolvieses tus cosas. En esos mensajes que vienen como del más allá, donde no existe ni el tiempo ni el espacio, me hablas de que tu corazón acaricia, besa, abraza y da gracias al mío, y que tu amor es tal que mueve con agilidad tu mente para ultimar tu proceso, que soy el cielo que te hace volar, la tierra que te ayuda a enraizar, la estrellita que ilumina tu lado oscuro y la luna que despierta tus lindas emociones a mi lado... Me das las gracias y me dices que me quieres, que deseas acurrucarte conmigo, que soy lo más bonito, que... Palabras bonitas, pero palabras.

No entiendo estas señales, y te pregunto y me pregunto: ¿Será que el universo confabula contigo para que no logre apartarte de mi corazón? ¿Por qué cada vez que me voy enfriando o que me empieza a dar pereza nuestra «historia» siempre hay algo que me dice que te espere? Y yo ya no sé si soy yo que me empeño, si son las señales que se hacen presentes reemplazando tu ausencia o yo qué sé.

No puedo entender por mucho que trate de pensarlo que si tú sientes todo eso que escribes, no estés aquí junto a mí. Que si tienes tan claro que te hago sentir todas esas cosas tan bonitas, te permitas el lujo de perderme, por qué cada día que pasa que no te siento, te voy perdiendo. Por qué cada momento importante que no comparto contigo se lleva un trocito de tu recuerdo. Por qué con cada caricia y cada beso que no te doy se esfuman suspiros de amor. Por qué en cada momento de íntima soledad trato de arrancarte de mi alma, aunque me duela, entonces, ¿qué quieren decirme las señales?

¿Por qué aparecen de forma alocada, misteriosa, atreviéndose a perturbar mi tranquilidad?

Queridos amigos celestiales, lo siento, pero no logro comprender, o quizá me niegue a entender, que estos mensajes de otros mundos vengan cargados de esperanza, de sentimientos verdaderos, que mis miedos no quieren ver ni reconocer, que es verdad que me quiere y que siente todo lo que escribe. ¿Quién soy yo para negarle? No sé.

Solo sé que mi parte racional no entiende este amor, y mi parte sentimental se está cansando y no cree que este tipo de relación tenga más futuro que el que yo quiera darle. Me imagino que por lo que voy sintiendo no me voy a conformar durante mucho tiempo con esta relación experimental que sigue llenando mis días de soledad y mi corazón de desilusión, convertida en esperanza momentánea y ficticia en busca de señales que me regalen certeza.

Esperaré, no creo que tenga alternativa mejor, o por lo menos eso dice el sabio: «Cuando no sepas qué hacer, no hagas nada», solo esperar a que la sabiduría del tiempo me vaya indicando el camino. Mientras, vagaré nutriéndome de la despensa de la experiencia donde guardo conservas de cariño, paquetes de ternura, envases al vacío de esperanza, latas de fe y bolsas llenas de infinitos recursos para alimentar mi corazón y no pasar hambre, hambre de amor, que te deja tan vacía que a veces piensas que nunca más podrás saciarte.

Seguiré pidiendo señales al cielo, señales para amarte, señales para, de una vez por todas, dejarte.

Y sigo preguntándome

La máscara se cayó, matamos al personaje, pero qué quedó de mi persona, esa persona que te añora, que sigue sin entender que dos personas que se quieren estén separadas con lo difícil que es encontrar a alguien que te comprenda, que te quiera, que no te juzgue, que no te quiera cambiar, que tenga tu misma filosofía de vida; alguien con quien compartir desde el corazón, con quien poder charlar de cualquier tema porque existe entendimiento; alguien que te respeta y te admira por cómo eres; alguien con quien disfrutar y tener mágicos momentos; alguien.

Sigo sin entender que se nos esté pasando este momento, con lo poco que nos queda. Te pienso, te siento, te olvido y te recuerdo.

Mis días son como el viento, a veces pasan rozándome suave y dulcemente, mientras anhelo el sabor dulce de tus besos y el calor de tus abrazos, y a veces llega con tanta fuerza que se lleva ante mí todo cuanto puede, apartándote bruscamente de mi camino y arrancándome de golpe cualquier atisbo que pudiera quedarme de tu amor.

Divago entre luces y sombras, mareándome en un sinfín de preguntas donde las respuestas no tienen cabida porque nada importan, porque son relativas, porque dependen, porque se tornan caprichosas, como caprichoso se ha vuelto el destino, y te olvido y me empeño en recordarte mientras sigo olvidándote.

Trato de serle fiel a mis principios y soy el árbitro del partido que juegan mi alma, mi corazón y mi mente. Pero mis principios observan el partido desde las gradas y a veces en medio de la jugada, una pequeña falta, hace que se tambaleen y ya no sepan a favor de quién iban y volvemos a empezar, y en cada comienzo está presente el olvido al que trato de mimarle con dulces apetitosos con sabor a pasión, con olores de ilusión, y con tacto de algo suave, sólido, verdadero, que está a punto de endulzar su vida y llenarla por completo, y casi está ahí, a la vuelta de la esquina, preparándose para mí, y no queda apenas tiempo.

No tenemos mucho tiempo, amor; la vida solo nos permitirá estar un ratito más juntos y nos lo estamos perdiendo, y yo sigo preguntándome por qué.

Saldemos nuestra cuenta de una vez por todas, no me conformo con pequeñas pagas al mes. Quiero zanjar mi pasado y recobrar lo que es mío o lo que un día la vida me permitió tener y perdí. Quiero olvidarte, y este destino ingrato se empeña en mostrarme nuevamente el espejo que un día me hizo sufrir, pero ¿para qué? ¿Para qué has vuelto a mi vida si no vas a amarme? Y sigo preguntándome.

Y pregunto a mis guías, a mis antepasados, a mi ser interior, y siento que ellos me dicen que eres tú, que espere. Y sigo preguntándome ¿que espere a qué? ¿A quién?

No entiendo.

No entiendo qué me quieren decir, ni siquiera entiendo su mensaje, porque yo ya no siento que seas tú; me confundo, y te pienso y te siento... Y te olvido y te recuerdo.

Y el viento loco perturba la tranquilidad de mi espíritu produciendo con su fuerza oleajes que se pierden en el mar de mis sentidos, y en medio de este maremoto, embriagada de soledad, me desplomo sin sentido, dejándome llevar hasta que por fin encuentre una bonita isla en la que poder descansar en paz.

Y quiero ya olvidarte, que te vayas, y te aparto de mi camino, pero siempre está esa huella que has dejado a propósito por si se me ocurre buscarte o por si me atrevo a olvidarte.

Y sigo preguntándome, ¿por qué te empeñas en retenerme si no vas amarme? Ya no quiero pensarte, ni sentirte, ni olvidarte, ni siquiera recordarte. Solo quiero que de verdad me dejes para poder yo dejarte.

No nos queda mucho tiempo, amor, como para regalarlo; la vida nos pide cuentas que debemos pagarle y así continuar cada uno por su camino y terminar con este aquelarre que a mí me tiene hechizada y a ti pueda liberarte.

Porque yo ya no puedo más, no quiero amarte y perder más el tiempo; tiempo que no puedo darte. Porque ya no tenemos, porque se está haciendo tarde.

Y yo sigo preguntándome.

Silencios

Y pasan los días. Días llenos de infinitos silencios, pero tan llenos de ruidos que incluso llegan a producirme dolor de cabeza. Silencios que hablan de tristeza, una tristeza que no comprendo, que apenas tiene hueco en mi alma, porque hace ya algún tiempo fue desterrada y sabe que ahí no es bienvenida, pero que todavía lucha por hacerse un sitio, por pequeño que sea. Silencios que sienten desidia, esa clase de inercia que envuelve al corazón cuando no sabe o no tiene ya dónde ir. Silencios que tararean esperanza, a veces tan amiga, a veces tan traicionera que confías en ella, pero suele darte la espalda. Silencios que me llenan de valentía, del coraje del que todo lo ha perdido y ya no le queda más que perder. Silencios que atormentan el alma enamorada, alma vagabunda en busca de su amor. Silencios de alegría, de certeza, porque a pesar de todo sé que estoy en el camino. Silencios llenos de fe; esa compañera de viaje inseparable que en los peores momentos es capaz de sacar la mejor de mis sonrisas. Silencios de inmensa gratitud, por todo cuanto la vida me regala e incluso cuando parece que la experiencia o la circunstancia no es del todo positiva, por muy feo que sea el envoltorio, siempre en el interior encuentras un magnífico regalo. Silencios que me piden constancia, que persevere, que no deje de serle fiel a mis principios; es lo único que tiene valor. Silencios que me susurran al oído cuán orgullosos se sienten por mantener y respetar mi «autenticidad».

Silencios... Ruidos.

Y pasan los días, pero ahí estás tú.

Tú, que permaneces en silencio; tú, que cuando decides comunicarte lo haces por mensaje. Mensaje que no dice nada, palabras de presencia, pero sin esencia.

Otra vez tú, tratando de fingir que no pasa nada, que todo sigue igual. Y así parece ser para ti, como en nuestra relación, igual estuviste presente, pero en tu corazón no floreció la llama del amor. Presencia sin esencia, y no entiendo nada.

Pero yo ya no vago por los senderos de tu cariño, ni soy sirvienta en el palacio de tu amor. Yo misma firmé mi destierro, me retiré y voy caminando por un bosque abrupto, que incluso a veces llega a intimidarme, pero no tengo miedo porque un ángel me acompaña y sé que, cuando haya atravesado este bosque, al final hallaré mi pradera. Esa pradera que es mi sueño, un sueño que aportará felicidad y armonía a mi vida; ese hogar, ese sueño, ese alma con nombre de hombre que sabrá compensar todos estos sufrimientos, sollozos y ratitos de alegría que a veces le robo a la vida.

Por eso, aunque mi alma esté algo triste, confundida, expectante e incluso vacilante, mi corazón está lleno de vida y seguro de que su palpitar no es en vano. Todo tiene sentido. En el fondo de mi ser, siento paz.

Paz por saber que he hecho bien las cosas, porque ante todo he sido tolerante, respetuosa y he dado cuanto he podido y me han dejado, siempre tratando de ser honesta y justa, y hasta el final he actuado desde el cariño y el amor; eso me hace estar tranquila.

Pasarán los días y aquí estaré, con el mundo por montera y abierta a lo que el bendito destino tenga reservado para mí.

Y tú, mi querido amor, te irás desvaneciendo en mi soñar, como se desvanecen las ilusiones de aquellos que no se atreven; como se desvanecen los sueños de los que tienen miedo, y formarás parte de eso, de una ilusión, de un sueño. Aunque yo sí me atreví y nunca tuve miedo.

Espero que en tu buscada y merecida soledad te encuentres, y que en esa cita con tu verdadero yo, encuentres la esencia de tu alma, esa bendita esencia que con su alquimia sea capaz de derretir la capa de hielo que cubre tu grandioso corazón y así romper de una vez para siempre el hechizo que te transformó. Y así muera de una vez por siempre ese «caballero de armadura oxidada» y renazca el «guerrero de la luz».

Imagino que no será fácil, mi amor, pero merece tanto la pena.

Ojalá algún día pudieras compartirlo conmigo, porque aunque al final no sea tu «compañera de vida», sí que desde ahí, desde ese guerrero de la luz, sería posible compartir una bonita amistad, solo desde ahí, de maestro a maestra, de guerrero a guerrera, de corazón a corazón, de igual a igual.

De momento solo nos queda seguir cada uno el sendero de su propio bosque; tú en busca de la luz y yo buscando mi pradera... De otra manera no sería posible.

Yo no me conformo con un roto convertible. No tuve mi lugar como pareja y por supuesto no lo voy a tener como «amiga». Te escogí porque pensaba que podías ser el compañero de mi vida, pero no te escogí para que fueras mi amigo, amigo del alma ya tengo y tenía.

Los amigos del alma no son exparejas reconvertibles, para mí no. La amistad es algo muy bello y muy puro, donde es imposible que anteriormente tuviese cabida el deseo, la decepción, el fracaso y la ruptura.

La verdadera amistad solo puede residir en el verdadero amor y para eso hay que tenerlo, solo desde el nacimiento del amor más puro, y soltando el lastre de esa «armadura» podría tener cabida entre nosotros una amistad pura y verdadera, y tiempo, mucho tiempo.

Ahora me dejo sucumbir y caigo en brazos de mis sueños, donde, al compás del ritmo del destino, bailaré con la vida y así pasarán los días, y los silencios estarán colmados de mágicas melodías que llenarán y alegrarán las estancias más profundas de mi alma, y pasará lo que tenga que pasar.

San Valentín

Un año más, una carta más.

Este día de San Valentín estará profundamente marcado en nuestros corazones, y no precisamente por ser «el día de los enamorados», aunque a veces pienso que quizá nuestros hijos escogieran este día precisamente por eso, para que al menos un día al año el amor nos una recordándoles.

Para mí este día está lleno de connotaciones muy tristes y contradictoriamente muy alegres, porque cada año celebro su aniversario, pues esta fecha significa para mí una parada en el tiempo; pasado, presente y futuro se entremezclan, formando una mixtura de nostalgia, ternura, agradecimiento, penita y, por supuesto, el amor más grande y puro que puede sentir el ser humano: «El amor de una madre».

No quiero ponerte triste ni caer en sentimentalismos de los míos; solo quiero, una vez más, darte las gracias por haber querido ser el padre de mis hijos; gracias por formar parte de nuestras vidas y por todo lo que nos aportas y das.

Nuestro amor se fue con ellos, con esos benditos niños, y se llevaron consigo lo más hermoso que tuvimos, pero también nos dejaron un legado maravilloso y algo que, aparte de este día, nos mantendrá unidos de por vida; nos dejaron un trocito de amor, de ese que se llevaron, pero lo suficientemente grande y puro como para engendrar a otro angelito que llevara la esencia de ambos, por lo que sus corazones latirán junto al suyo en una danza de amor a tres bandas.

Por este bendito angelito que tenemos aquí con nosotros en la tierra, hemos de esforzarnos en ser cada vez mejores, en respetarnos, en querernos y, sobre todo, en ser felices cada uno en su camino y en hacerle feliz a él cada día de su vida.

A veces resulta muy difícil ser positivos, porque nos invaden de repente recuerdos, porque hay muchas cosas que remueven las heridas del pasado haciendo que vuelvan a doler y nos asustan sus fantasmas llenándonos de miedo.

Yo trato de hacerlo lo mejor que puedo y sé y te pido perdón por los errores que pueda cometer, créeme que intento hacerlo lo mejor que puedo, repito, y he tratado de curar mis heridas, me he perdonado a mí misma y te he perdonado a ti, y me encantaría que el cariño que nos tenemos lo mantengamos por nosotros y por nuestro hijo siempre.

Sabes que yo te quiero mucho y, como te dije el otro día, quizás ahora más que nunca, pues ya sé quién eres y no tengo ninguna expectativa, acepto y valoro lo que eres y por eso te quiero y no pretendo que cambies.

En este día tan especial, en el que todo el mundo se hace regalitos, yo también quiero regalarme y regalarte una nueva vida y poner al día mi cuenta corriente amorosa; después de separarnos y repartir los bienes materiales creo que es hora de repartir los sentimentales, zanjar las cuentas pendientes y dejar el saldo a nuestro favor. Me quedo con los años que he pasado contigo y con estos buenos momentos:

— Con la cara que pusiste y el salto que diste cuando entré por primera vez en tu oficina.
— Con aquel beso, ese primer beso en el «Bali», que movió e hizo estremecer cada ápice de mi cuerpo.
— Con tus manos, esas que por su perfección, sensibilidad y forma de tocar hicieron que me enamorase de ellas.
— Con esas cartas que me escribías y en las que expresabas de una forma tan verdadera todos tus sentimientos.
— Con todos esos días en los que me ponía guapa para ti y te esperaba con una comidita rica deseando verte.

— Con todas esas noches en las que nos acurrucábamos viendo la televisión mientras nos daban las tantas entre charlas, miradas y caricias.
— Con esos fines de semana eternos quemando la cama con la pasión de ese amor.
— Con esa forma tuya tan especial de amarme, pero que me hacía sentirme tan segura.
— Con esos viajes en los que nos encantaba descubrir nuevas experiencias.
— Con esos encuentros nocturnos o diurnos cargados de sensualidad y erotismo, y donde dábamos rienda suelta a nuestros sentimientos y deseos más íntimos.
— Con nuestra complicidad, que de tantas nos salvó y tantas risas nos causó, con esas maravillosas risas.
— Con esa noche en Roma, en la que engendramos a nuestros hijos.
— Con esas ilusiones y fantasías que nos hacían soñar sin parar.
— Con nuestros sueños de creernos Bonnie *and* Clyde.
— Y con tantos y tantos momentos en los que me hiciste sentir querida, especial, deseada y amada como nadie en este mundo...
— Por todos esos momentos gracias, gracias por haberme hecho tan feliz. Yo, de todos estos años y momentos que he pasado contigo, te regalo:
— Mi inocencia y mi falta de experiencia que hicieron que me entregara a ti en cuerpo y alma.
— Toda la energía, el amor y los cuidados que empleé en curarte, en mimarte y en quererte.
— Toda la buena intención que empleé en protegerte, como quien protege su mejor tesoro.
— La ilusión de crear un hogar, nuestro hogar.

— La admiración y el orgullo que sentía cuando en silencio te miraba y pensaba lo afortunada que era por tenerte a mi lado.

— Mi lealtad, que hasta en los peores momentos estuvo presente.

— Esas noches de intenso amor en las que siempre me entregué en cuerpo y alma, siendo tu diosa.

— Esa forma en la que te miraba y se me caía la baba, sintiéndome tan orgullosa de ti.

— Mis besos, tantos besos y caricias que hacían que tu cuerpo se estremeciese al contacto de mi piel con tu piel.

— Mis sueños, mis fantasías, las ilusiones que me mantenían tan viva.

— Mis tonterías de payasa incasable que tanto te han hecho reír.

— El proyecto de vida que diseñé a tu lado.

— El amor tan puro que sentí al engendrar a nuestros hijos y el orgullo de formar una familia y dejar con ellos la estampa del gran amor que sentimos.

— La pureza de mi corazón y de mi alma, que te amó como nadie. Y tantos y tantos momentos, besos, caricias, abrazos, risas, llantos, en los que te hice sentir amado, deseado, querido y especial como nadie en este mundo.

— Por último, te regalo todo mi cariño, mi respeto y mi amistad incondicional desde el día que te conocí hasta siempre.

Por todos estos momentos, sentimientos y situaciones creo que es mejor dejar los recuerdos como tales y liberarnos el uno del otro sin volver a enredarnos con momentos que, a pesar de ser excitantes y estar cargados de morbo, pasión y sentimientos, no dejan de ser puros espejismos que se pueden volver contra todo lo hermoso que un día tuvimos.

Querido, que no te falten latidos de amor ni motivos con sentidos para dejar de celebrar el día de San Valentín.

El gran amor, el gran reto

Hace mucho tiempo que me siento realmente a gusto con mi soledad, después de llevar media vida creyendo que estaba hecha para vivir en pareja, que mi mayor anhelo en la vida era encontrar a ese hombre que me hiciese feliz, que me amase, con el que crear un proyecto de vida, crecer juntos y formar una familia.

Pero desde la adolescencia no se me ha dado muy bien esto de los hombres. De jovencita, cada chico que me gustaba le pedía salir a mi mejor amiga y me sentía como Calimero, ese patito feo que no gusta a nadie. Yo era divertida, extravertida y me convertía en la mejor amiga de los chicos, pero nunca en la «elegida».

Y siempre me preguntaba y preguntaba a los demás el porqué, y su respuesta era que quizá les asustaba por mi forma de ser... Vaya excusa, pero realmente me hice mujer llevando ese peso sobre mi femineidad. Hasta que llegó un chico, mayor que yo, y por fin alguien me eligió. Me enamoré locamente de él y estuvimos cinco años de «novietes», más tarde lo dejamos porque él era algo «ligero» y seductor, y la verdad es que la diferencia de edad nos situaba en diferentes lugares y con diferentes motivaciones y necesidades.

Rompimos y viví mi etapa más loca, flirteando; tuve ligues esporádicos y me permití sacar mi lado femenino a festejar la vida y sus múltiples oportunidades, pero Calimero seguía vivo en mí y, a pesar de vivir un momento más abierto a nivel de experiencias, mi ser anhelaba lo que mi corazón quería... ¡una pareja!

Y una noche volví a encontrarme con mi primer amor, de la forma más causal; nos reencontramos y volvimos a reenamorarnos y comenzamos un proyecto de amor.

Proyecto con planes de boda y amor eterno que duró otros cinco años para después dejarme sumida en un mar de incomprensión, pena, desconfianza y falta de autoestima.

¡Pero aun así, sentía que estaba enamorada del amor!

A los pocos meses conocí a un hombre que cambió mi vida, mi segundo gran amor y con él descubrí un mundo de experiencias que jamás pensé e imaginé para mí.

Él ya había estado casado, había tenido una hija, había vivido, viajado, experimentado un montón de vivencias... En fin, un hombre que venía de vuelta de muchas cosas, pero también venía herido, herido de amor.

Y ahí encontré mi sitio junto a él. Pese a todos los contratiempos y grandes vicisitudes de nuestro amor de bolero, nunca dudé de lo enamorado que estaba, de lo mucho que me quería y de los grandes esfuerzos que ambos hacíamos por compaginar nuestras costumbres, nuestras familias, nuestras creencias... Y así creamos nuestro proyecto de vida, nos casamos y tuvimos hijos.

Y llegó el desamor, el yugo que te aprisiona la cabeza y prácticamente te inmoviliza sin dejarte ver allá del suelo; esa carga pesada que te impide avanzar como tú deseas, privándote de libertad de movimientos, ilusión y poder ver más allá de las piedras que te encuentras en el camino... Realmente el amor nunca dejó de existir, pero se acabó el romanticismo, eso que las parejas creen que es la chispa que mueve a las relaciones, esa gasolina que hace falta para que el motor de la pareja funcione y que, si se va, es como si se esfumase la musa que da vida a la obra de un artista, dejándonos desprovistos, desnudos, vacíos, sin saber qué hacer y con el miedo que da la inercia de lo desconocido.

Tuvimos la valentía de separarnos y no ensuciar nuestra relación más de lo que ya la ensucia y hiere el descolgar tu yugo y ver qué gran marca y herida ha dejado sobre ti su peso y cómo te ha ensuciado tanto la vista el llevar tanto tiempo mirando solo para abajo.

Sí, te da cierta sensación de alivio, recuperas vida en cierta forma, pero el dolor de su peso durante tanto tiempo ha dejado tullida tu espalda y cuesta trabajo mantenerse erguido, pero si escuchas a tu sabiduría interna ella te hablará de tiempo, de que poco a poco irás levantándote, poco a poco alzarás la cabeza y verás el cielo y su magnitud e irán desapareciendo las piedras del camino, y ese día llega.

Y cuando levantas la cabeza con el orgullo que da el haber logrado lidiar con la soledad, haber combatido los juicios, las críticas, haber conseguido reinventarte y honrar a tu diosa y darle el lugar que le correspondía, haber recuperado la ilusión y haber sido capaz de reeducar tu vida, ahora venía el papel más difícil, volver a ser la protagonista de una nueva historia de amor... Y aún así volví a coger mi valentía y el coraje que sorprende a los que todo lo han perdido y no temen a empezar de nuevo y volver a arriesgar.

Y busqué lo opuesto, del amor de bolero al amor terapeútico, del amor apasionado y de fuertes contrastes a un master comander en empatía, comprensión, paciencia, entendimiento y supuesta paz. Pero, obviamente, para llegar al equilibrio hay que pasar por los dos lados de la balanza y dejé de ser la madre de mi marido para convertirme en la terapeuta de mi novio.

Pero con la misma valentía que dije «hola» igualmente supe decir a tiempo «adiós» y llevarme una experiencia más a mi histórico de relaciones de pareja, por supuesto con todo lo que conlleva un nuevo duelo y otro nuevo comienzo de vida.

Pero, ¿qué nos pasa a las mujeres que, cuando estamos fuertes, logramos estar a gusto con nosotras mismas y encontramos en la soledad una buena aliada, sentimos que nos falta algo, que necesitamos ese amor que nos mime, que nos de compañía, seguridad, abrazos, besos...?

Y ahí nos invade el miedo, miedo a volver a perder nuestro poder en pro de una relación, miedo a volver a convertirnos en sus madres, enfermeras, cuidadoras, relegando el papel de amantes, amigas y compañeras a otras que más tarde o temprano lo ocuparán, porque a nosotras se nos olvidó en algún momento de la relación y nos confundimos de papel.

¿Por qué adoptamos distintos roles si tenemos claro lo que necesitamos y queremos al empezar un relación? ¿Por qué comenzamos apasionadamente con encuentros sexuales continuos para después convertirlos en algo esporádico y carente de pasión?

¿Por qué dejan nuestras parejas de seducirnos como si fuese un territorio conquistado en el que ya todo está hecho, en vez de intentar descubrir y explorar nuevas y desconocidas áreas del terreno? ¿Por qué todo se vuelve aburrido y carente de emoción, chispa, sentido?

¿Qué pasa con las relaciones que nadie está donde quiere estar y con quien quiere estar? ¿Por qué nos empeñamos en engañarnos y ser infieles a los demás y desleales a nosotros mismos?

¿Dónde está el secreto de esas relaciones en las que se aman a pesar de llevar mucho tiempo juntas y haberse enfrentado a hijos, crisis, problemas económicos, familiares...?

¿Quizá pensamos que están así porque aguantan? ¿Y las que no están por qué aguantan sino porque de verdad se aman? ¿Cómo se consigue eso?

He logrado, con el paso del tiempo, tratar de contestar a todas estas preguntas, he analizado a todos los clientes y pacientes que venían en busca de mejorar sus vidas y tratar de encontrar un sentido a todas estas cuestiones, y me he esforzado en ayudarles a hallar respuestas y mejorar sus vidas.

Pero ahora la cuestión es que por fin estoy en paz, estoy feliz con mi gran compañera la soledad y he aprendido a disfrutar de todo y llevar al lado a mi gran compañero el miedo, pero ha llegado el gran momento de enfrentarme a un nuevo reto, al reto del amor, hoy he sentido su llamada y la he sentido con una fuerza inmensa que me ha inundado de alegría, pero a la vez de incertidumbre.

¿Sabré poner en práctica todos esos consejos, pensamientos, valores que llevo trabajando con todos mis clientes en estos años?

¿Seré capaz de mantener a mi diosa interior intacta y conservar mi poder viviendo una historia de amor?

¿Caeré en las antiguas trampas de mi ego para seguir cometiendo las mismas torpezas?

Estoy ante un gran reto, una gran prueba, pero siento que por primera vez en mi vida estoy preparada para vivirlo de verdad, porque solo quiero un amor si es incondicional, si es de los buenos.

Ya he aprendido de los «enamoramientos» y las mentiras que en ellos cohabitan, de los amores de «bolero» con esa montaña rusa de emociones que enloquecen a cualquiera y te dejan agotado y hecho añicos, de los amores «dependientes» que te restan libertad y te someten al yugo del resentimiento... He vivido varios tipos de amores, pero creo que me falta vivir el gran amor, y para vivirlo hace falta estar muy en el centro de tu ser y quererte mucho, respetándote y respetando al otro, y aceptarte con tu luz y tu sombra para ser capaz de aceptar al otro con las suyas... Es una gran prueba.

Honestamente he de confesar que tengo miedo, pero a la vez mucha ilusión y una gran curiosidad.

¿Seré capaz de conseguirlo? ¡Solo el tiempo lo dirá!

Hombre sin nombre

A ese hombre:

Hoy he soñado contigo y me ha costado mucho levantarme porque quería descubrir más, quería saber más de ti, quería saber quién eres, cómo es tu rostro, ese rostro de hombre maduro, sabio, tranquilo, pausado, educado de modales exquisitos, pero sin pedantería, ese hombre que dará un giro al rumbo de mi vida.

Te he vislumbrado tan solo sutilmente, he podido apreciar tu templanza en tan solo unos instantes de mi tiempo, un tiempo onírico donde todo es posible porque espacio y tiempo no existen y se conforma todo tipo de sueños, fantasías, ilusiones y magia.

He sentido tu presencia y la llave de la esperanza ha abierto las compuertas de una nueva ilusión.

Llevo tanto tiempo esperándote, llevo tanto tiempo preparándome para ti, para mí, para lo nuestro... Para ese amor con letras de oro, para ese amor desconocido, nuevo, misterioso, en el que darlo todo, recibirlo todo y aprender, aprender, aprender.

Tengo miedo, miedo de que no aparezcas y perderme tus besos, esos besos que tornarán rosados mis labios sedientos de ti; tengo miedo de que aparezcas y no esté preparada; tengo miedo de pensar que alguien vuelva a ponerme la vida patas arriba con el trabajo que me ha costado ir colocándola, miedo de perder mi intimidad, mi libertad en pos de una relación... Miedo, miedo.

Pero llevo mucho tiempo lidiando con mis miedos, son mis amigos, ya los tengo reconocidos y sé que no me paralizarán, sé que me ayudarán a no precipitarme, a mantenerme en calma e ir descubriéndonos poco a poco como en el sueño.

También tengo la certeza, por otro lado, de que ya estás cerca, los últimos retoques que faltaban para completar el puzzle ya los he dado.

He cerrado mis heridas, heridas de guerra que llevaba en el corazón esta guerrera del amor. Heridas que hablaban de desconfianza, de pasados no sanados, de antepasados infelices, de ancestros que me condecoraron y me dieron el estandarte de su herencia para que lo luciera con orgullo, estandarte que debía reparar, limpiar, modificar y, una vez hecho el trabajo, llevarlo con el orgullo que merece.

Orgullo de casta, orgullosa de ser del clan de las mujeres que corren con lobos, mujeres a las que hoy les rindo culto a través de mis éxitos, mujeres que celebrarán mis triunfos allá donde estén, y se sentirán orgullosas de mí por haberte encontrado y haber cumplido mi sueño.

Apenas he podido ver tu rostro, no sé quién eres, ni de qué tierra lejana vienes, no sé ni tu nombre, ni tu apellido, ni a qué te dedicas, pero ya te amo.

Te amo desde siempre, te he amado en cada hombre con nombre, te he dedicado cartas, canciones, versos y cada minuto de mi vida en el que pensaba en ti.

Te he ido conociendo en cada relación que he vivido, en cada hombre con el que he estado he ido aprendiendo un poquito de ti, te he besado en muchos labios buscando tus besos, te he sentido en cada cuerpo en el que buscaba tu esencia, esencia de hombre sin nombre.

Y ahora te siento cerca, a veces pienso que estás tardando demasiado e incluso me pongo nerviosa, me enfado, me inquieta tu tardanza, pero después vuelvo a mi ser, me recojo y mi corazón me habla de paz, de tranquilidad porque vas a venir para quedarte y eso será para siempre y no hay que precipitarse.

A veces tengo la tentación de seguir buscando tu esencia, tus besos en otros hombres, pero mi alma te aguarda, virgen, llena de vida, de ilusiones, de sueños, de proyectos, de abrazos, de risas, de juegos, de magia.

Tu hada te espera como una adolescente espera perder su virginidad con alguien especial, y en este momento de mi vida me siento así, me siento llena de vida, siento a mi niña interior, radiante, fresca, viva, juguetona y con ganas de disfrutar de todo.

Siento que tengo mucho trabajo realizado, muchos deberes hechos y a la vez todo por hacer, todo por descubrir, todo por experimentar, y por eso te espero, tengo en mi cuenta corriente sentimental mucha riqueza y un tesoro por descubrir, pero al que solo puede acceder quien tenga el mapa verdadero, y creo que ese mapa solo lo tienes tú.

Mi amado y bendito hombre sin nombre, pero de esencia noble, de energía verde, energía de maestría, de verdad, de sencillez, de júbilo, de pocas palabras y grandes hechos, de discreción penetrante, de corazón de unicornio blanco, de esos corazones que con tan solo su presencia sanan el alma humana... rostro de ángel en hombre... sin nombre.

Aquí te espero, como espera el labrador el resultado de su siembra, aquí me encontrarás, pues tengo todo preparado esperando tu llegada, aquí seguiré aprendiendo, disfrutando, riéndome, trabajando.

Buscaré tu mirada, esos ojos que me confirmarán que eres tú, recorreré las calles repartiendo sonrisas por si algún día te descubro sonriéndome, buscaré tu aroma por si me pilla la vida entretenida que tu esencia llame mi atención, y buscaré en los corazones de los hombres por si tu rostro me confunde, tu corazón me dará la certeza de que eres tú y, si no llego a encontrarte, estoy segura de que tú me encontrarás a mí, porque sé que también me estás buscando, hombre sin nombre.

El último latido

Y te fuiste así, de repente casi sin avisar y sin poderme despedir de ti. Todo ocurrió en aquella curva de ese pueblo donde pusimos fin a nuestras vidas. Bromeamos toda la tarde acerca de la muerte, parecía como si ella quisiera susurrarnos al oído que algo ocurriría y sería el principio y el fin para ambas.

Mi querida amiga, después de más de treinta años aún sigo recordándote, todavía sigo emocionándome cada vez que pienso en ti y en aquel golpe que nos dio la vida.

Tú te fuiste. Expiró tu contrato aquí en la Tierra y yo me quedé, pero también morí aquella noche de aquel día. La muerte es tan solo un cambio, es la cara de la otra moneda, vida y muerte van siempre de la mano y para una niña de quince años fue duro entenderlo, pero la mujer de hoy ya le encontró sentido.

Desde que tú te fuiste, no he parado de buscar; busqué respuestas a por qué alguien con tan solo dieciséis años tiene que morir; busqué y quise hallar el sentido a mi vida, el por qué yo sí me había quedado aquí y qué debía hacer.

Busqué en el mundo espiritual y leí, investigué, consulté, probé con todo tipo de libros, gurús, religiones, dogmas, terapias.

Mi inquietud por saber cúal era mi misión en esta vida y por qué yo estaba aquí me convirtió en una rebelde, en una guerrera con ansias de encontrar su sitio en el camino de la vida y a la que ningún convencionalismo le servía.

Y por supuesto que hallé respuestas y me creé mi propia filosofía de vida, huyendo de todo aquello que sonara a «sectario», y me fui convirtiendo en la mujer que soy.

Hoy, mi querida niña, solo puedo darte las gracias por haberme dado la oportunidad de vivir; gracias porque cada una de nosotras hizo lo que vino a hacer; tu muerte me cambió la vida y me di permiso para ser, para vivir la vida que yo eligiese, y mi rebeldía y mi búsqueda me hicieron encontrarme conmigo misma y caminar a favor de mi alma.

Querida amiga, compañera de clan de alma, sé que tú estás donde tienes que estar, y no ha pasado un solo día en el que no te sienta cerca y te agradezca tu ayuda desde ese bonito lugar al que vuelan las águilas doradas.

Bendita seas y bendita sea la vida.

Tu latido se apagó, pero el mío siempre latirá en tu honor y será un latido con sentido, como sentido recobró mi vida con la tuya.

Siempre en mi alma.

Enseñanzas del camino

Ayer terminamos nuestra última etapa, Santiago de Compostela y con nuestra Compostelana, nuestras experiencias, cansancio, agujetas y demás sensaciones y sentimientos volvimos para casa.

Personalmente, el camino me ha resultado muy gratificante y, a pesar de momentos de cansancio, calor y alguna cuesta o bajada dura, ha sido fácil; me he asombrado de mi fuerza y de mi resistencia corporal.

Apenas he sentido dolores ni me ha costado trabajo madrugar tanto o someterte a momentos de frío para luego asarme de calor al final de cada etapa; en fin, podría decir que ha sido un bonito paseo sin ninguna secuela física. De todas formas entiendo que el cuerpo es como el alma o el corazón, cuando uno lo tiene bien entrenado, ya no sufre, y si la actitud frente a la vida es de alegría, buen humor, fortaleza, coraje y tener la capacidad de ver siempre lo positivo de cada experiencia, esa actitud el cuerpo la recibe y, aunque no lo entrenes físicamente, él ya posee esa información y de alguna manera queda anclada. Al fin y al cabo todo en la vida es cuestión de «actitud».

Inicié el camino con muchísima ilusión, pensando que en alguna parte de mí haría mella, pues todo el mundo dice que «el camino» te cambia la vida.

El grupo que íbamos era un buen equipo de compañeros, así lo presentí y así ha sido. Me ha encantado lo bien que lo hemos llevado, lo unidos que hemos estado y el apoyo incondicional que hemos tenido.

Ha habido momentos de dolor, cansancio, ganas de tirar la toalla, tristeza de que dos personas que podían vivir una historia de amor ya no la vayan a vivir, recuerdos de dolores pasados, de momentos en los que nos hemos sentido injustamente tratados, juzgados, criticados, e incluso momentos en los que hemos notado esa falta de amor o de comprensión que te rompe el alma.

En nuestro pequeño grupo de cuatro hemos vivido todo eso en un pasado demasiado reciente y, de alguna manera, todas esas vivencias nos han acompañado en el camino, pero de una manera natural, con cariño, algunas veces con carga, con pequeñas manifestaciones de ira, rabia, dolor y pena; las hemos ido soltando poco a poco; en cada etapa que finalizábamos también he sentido que arrojaba un poquito de esa carga que cada uno de nosotros llevaba consigo.

Imagino que cada uno traerá un regalo personal y valioso de esta experiencia en común y que quizá se nos irá revelando a través de los días y cada uno a su ritmo.

A mí me hubiese gustado seguir, tengo la sensación de que me ha faltado camino y no me gustaría pensar que me he apegado a este grupo maravilloso, ya que presumo de que soy una desapegada..., pero quizá el sentirme tan libre, tan auténtica, sin tener que demostrar nada a nadie, libre de caretas, de juicios, de opiniones de «tener que ser» o «tener que hacer»; solo caminar en un entorno natural, con nada de carga a tu espalda, con la única riqueza que da la Madre Tierra, con unos compañeros de viaje que te quieren y aceptan, porque son parte de ti y tú parte de ellos, como los árboles, los ríos, el cielo.

Quizá me apego a eso que tanto necesitamos todos, esa «unión» de corazón, ese respeto al compañero, esa ayuda incondicional que te lleva a dar todo lo mejor de ti al que tienes al lado; ese ánimo que das a pesar de que tú estés en algunos momentos incluso peor que él. El compartir desde el corazón lo que uno tiene; da igual si es material, físico, espiritual o sentimental... El que da lo que tiene es infinitamente generoso, y en este grupo ha reinado la generosidad por parte de todos.

Este camino es el camino que querría seguir viviendo el resto de mis días.

Hoy me siento muy triste y no sé por qué, llevo toda la mañana llorando y solo sentía ganas de escribir.

Imagino que estas lágrimas son parte de mi aprendizaje y que poco a poco iré viendo el gran regalo que me ha dado la vida al compartir estos cinco mágicos días de camino con mi familia.

Solo puedo dar las gracias de todo corazón a la vida, que me ha permitido vivenciar esto; a mi cuerpo que lo ha hecho posible, fácil, y me ha dado la fuerza para seguir sin dolor, desde lo agradable y no doloroso; a mi corazón, por tener la capacidad del perdón, de la apertura y de la humildad, y a mi alma, por sentir que formo parte del todo y todo forma parte de mí, dándome la compasión, la sensibilidad y la conciencia de saber que todos somos uno..., sin importar raza, sexo, situación económica, sentimental o cultural... En el camino de la vida, todo eso da igual.

Somos peregrinos y eso, una vez que lo hemos vivido, no debemos olvidarlo. Como decíamos, «el peregrino no exige, agradece».

Yo, desde lo más profundo de mi corazón y de mi alma, os agradezco todo lo que me habéis enseñado, aportado, querido, aceptado, cuidado y amado en el camino que juntos llevamos recorrido.

Espero y deseo que este camino siga, y que juntos continuemos lo que nos quede de él de la manera o forma que la vida elija. Siempre estaréis en mi corazón y esta experiencia la llevaré como parte de mi tesoro personal.

Os agradezco tanto y me siento tan orgullosa de vosotros y de que la vida me haya puesto en vuestro camino, que solo espero seguir aportándoos cosas buenas y os pido de antemano perdón por si en algún momento de falta de conciencia puedo llegar a ofenderos, a faltaros de alguna manera el respeto o actuar de algún modo que sintáis que no sea desde el corazón; si es así os pido que me lo hagáis saber para remediarlo en el momento y que no vaya a más, puesto que puedo cometer torpezas, pero jamás serán desde la maldad, siempre desde el miedo y, si me lo hacéis saber, me ayudaréis a vencer mis miedos y a superarme como persona.

Os quiero de verdad a todos y a cada uno de vosotros por lo que sois, y os acepto tal como sois porque sois perfectos y me dais lo que necesito para superarme en mi vida... Así que.

Gracias, gracias, gracias, y que Dios os bendiga.

Buen camino.

A mis amigas

Mis queridas amigas, cómo agradezco a la vida vuestra presencia en ella. Solo tengo palabras de amor, de agradecimiento, de ternura, de infinita alegría por todo lo que me habéis dado, enseñado, compartido y vivido junto a mí durante todos estos años.

Me habéis permitido ser junto a vosotras todo cuanto soy; me habéis querido siempre, incluso cuando menos me lo merecía; sabéis de mi luz y de mi sombra, y en mi completitud, con todo lo que soy e incluso con lo que llegue a ser, o con lo que ni siquiera sé que soy, aún así me amáis.

La vida, que es muy sabia, no me ha dado hermanas biológicas, porque pensó que jamás serían como vosotras, mis hermanas de alma.

Gracias, gracias y más gracias por ser mi luz cuando mi corazón estaba en penumbra.

Gracias y más gracias por creer en mí cuando hasta yo misma dudaba de mis posibilidades.

Gracias y más gracias por ser mis muletas cuando la vida me mantenía a duras penas en pie.

Gracias y más gracias por permitirme ver en vuestros ojos el reflejo de mi corazón.

Gracias y más gracias por ser el espejo de mis defectos y poder verme con compasión y aceptación.

Gracias y más gracias por darme todo cuanto necesité en los momentos en los que la vida casi todo me lo arrebató.

Gracias y más gracias por hacer vuestros mis éxitos y celebrarlos conmigo, y hacer vuestros mis fracasos y superarlos junto a mí, siendo esa calidez y esa candidez que necesita un corazón hastiado buscando un hogar donde estar tranquillo y a salvo.

Me habéis permitido amaros con toda mi alma, respetaros desde lo más profundo de mi corazón, sentirme orgullosa y admiraros como la mejor obra de arte, cuidaros como una madre cuida de sus cachorros, aconsejaros como si mis palabras fueran el mejor de vuestros consuelos, mimaros como el que cuida al mayor de sus tesoros y ocuparme de vosotras a veces desde la cercanía, otras veces solo en esencia, pero siempre velando por vuestra felicidad.

Me habéis honrado con el mayor de los títulos, el de madrina y tía de vuestros hijos, vuestros mayores tesoros, y eso es un gran «honor». Porque nuestros hijos, son hijos de todas y pertenecen ya a una tribu, «nuestra tribu». Los que continuarán con nuestro legado, un legado de hermandad, respeto y amor.

Amigas, hermanas, madres, consejeras, maestras, guerreras, chamanas, reinas y diosas.

Vuestro coraje hace más fuerte mi alma, vuestra bondad fortalece mi corazón, vuestra ternura ilumina mis ojos, vuestra alegría es música para mi alma, vuestra inteligencia refuerza mi mente y vuestro espíritu es aire de libertad.

Hicimos pacto de reencontrarnos en esta vida y realmente ha sido maravilloso el paseo junto a vosotras.

Deseo con toda mi alma que el paso de los años nos siga manteniendo juntas y dancemos alrededor del fuego sagrado de la vida, entonando canciones de amor y libertad.

Que el viento nos lleve donde nuestro corazón le guíe y que nuestras vidas sigan unidas por siempre y para siempre.

Gracias y más gracias.

* 9 7 8 8 4 1 8 1 2 1 1 1 1 *